Erika Altenburg

W0198601

Offene Schreibanlässe

Jedes Kind findet sein Thema

Auer Verlag GmbH

Gedruckt auf umweltbewusst gefertigtem, chlorfrei gebleichtem
und alterungsbeständigem Papier.

2. Auflage. 1998
Nach der Neuregelung der deutschen Rechtschreibung
© by Auer Verlag GmbH, Donauwörth. 1996
Alle Rechte vorbehalten
Umschlag: Josef Kinzelmann, Asbach-Bäumenheim
Gesamtherstellung: Ludwig Auer GmbH, Donauwörth
ISBN 3-403-0**2641**-8

Inhalt

Vorwort

Der Ansatz, der diesem Buch zugrunde liegt, stellt die Kinder und ihre persönlichen Schreibideen in den Mittelpunkt. Im Rahmen von offenen Schreibanlässen sollen Schreibanregungen gegeben werden, die ein breites Spektrum von Möglichkeiten eröffnen. Lässt man Kinder mit ihren Einfällen zum Zuge kommen, so produzieren sie vielseitige, gelungene Texte.
Im Laufe meiner langjährigen Tätigkeit als Lehrerin und Fachleiterin habe ich vieles erprobt. Die positiven Erfahrungen, die ich dabei gemacht habe, haben den Anstoß zur Entstehung des vorliegenden Buches gegeben.
Viele Kolleginnen, vor allem aus dem Kreis des Studienseminars Düren, haben mich unterstützt, indem sie Ideen beigesteuert, Kindertexte zur Verfügung gestellt und von ihren eigenen Erfahrungen berichtet haben. Ihnen allen sei an dieser Stelle herzlich gedankt. Besonderer Dank gilt meiner Freundin und Kollegin Ellen Hütwohl, die unermüdlich Anregungen erprobt und durch die dabei entstandenen Kindertexte diesen Band entscheidend geprägt hat. Durch ihre eigenen originellen Ideen hat sie, vor allem im Bereich des Schreibens zu Gegenständen, den Fundus von Schreibanlässen bereichert.
Ich hoffe, dass bei der Lektüre dieses Buches die Lust geweckt wird, mit der eigenen Klasse neue Wege zu gehen. Ich möchte allen in der Schule Tätigen Mut machen, dies zu tun! Was herauskommt, ist u. a. das eigene Vergnügen an den Kindertexten!

April 1996 Erika Altenburg

1. Neuere Entwicklungen der Schreibdidaktik: Vom Aufsatz zum Kindertext

Radikaler Wandel

Der Lernbereich des Textschreibens hat sich, zumindest was die Grundschule angeht, in den letzten zehn Jahren radikal verändert. Den Ausgangspunkt bilden nicht mehr feste Darstellungsformen, sondern weit eher bestimmte Schreibfunktionen wie Erzählen, Informieren und Appellieren. Im Wechsel der Bezeichnungen – früher: „Aufsatzunterricht", heute: „Schriftlicher Sprachgebrauch" bzw. „Texte schreiben"/„Textproduktion" – steckt auch ein Wechsel im „Programm", in der Zielrichtung. Deutlich ablesbar ist dies nicht nur an den Bezeichnungen für den entsprechenden Lernbereich in verschiedenen Richtlinien bzw. Lehrplänen (z. B. NRW: Schriftlicher Sprachgebrauch), sondern ebenfalls an Titeln von Veröffentlichungen zur Schreibdidaktik: z. B. Gössmann: Sätze statt Aufsätze, 1. Aufl. 1976; Sennlaub: Spaß am Schreiben oder Aufsatzunterricht?, 1980; Spitta, Gudrun: Kinder schreiben Texte in Klasse 1 und 2, 1988; Schreibkonferenzen in Klasse 3 und 4, 1992; Merkelbach, V. (Hrsg.): Kreatives Schreiben, Braunschweig 1993.

Schreiben heißt Kommunizieren

Eine weitere entscheidende Neuerung stellt der Beginn des Schreibens in der ersten Klasse dar. Sobald die Kinder in der Lage sind einzelne Wörter zu schreiben, können sie Texte produzieren, können sie an der schriftlichen Kommunikation teilhaben. Hier kommt dann auch ein weiter Textbegriff zum Tragen: Als Text kann ein einzelnes Wort (evtl. mit zugehörigem selbst gemaltem Bild) gelten, ebenso eine Bild-Wort-Kombination (Gezeichnetes als Ersatz für Geschriebenes). Das alte Argument, dass die Kinder erst dann eigene Texte schreiben dürften, wenn sie die Rechtschreibung beherrschen, kann als überholt gelten. Der dafür angesetzte Zeitpunkt – in der dritten Klasse wurde mit dem sog. „Aufsatzunterricht" begonnen – bot keineswegs diese Voraussetzung.

Schreiben und Rechtschreiben sind zweierlei

Wie die Alltagserfahrung zeigt gibt es Menschen, die sehr schnell und sicher schriftlich formulieren können, im Bereich der Rechtschreibnorm jedoch erhebliche Schwierigkeiten haben. Auf der anderen Seite gibt es diejenigen, die die korrekte Rechtschreibung sicher beherrschen, sich aber schwer tun mit schriftlichen Äußerungen. Text produzieren zu können stellt eine grundsätzlich andere Leistung dar als diejenige der Beherrschung der derzeit geltenden Rechtschreibregeln. Wollte man diese beiden unterschiedlichen Fähigkeiten in Abhängigkeit voneinander sehen, so wäre dies weder sachadäquat noch pädagogisch sinnvoll.

Eine normierte Rechtschreibung hilft beim Lesen

Die alte Sorge, dass sich falsch geschriebene Wörter einprägen, hat sich als unbegründet erwiesen, zumal sich auch häufig Gesehenes, Richtiges offensichtlich nicht automatisch einprägt. Die Forderung, dass ein Text bei einer Veröffentlichung in der richtigen Schreibweise präsentiert werden sollte, bezieht sich auf die Funktion des Lesens. Für die Leserin bzw. den Leser wird der Leseprozess enorm erleichtert, wenn gleiche Wörter auch stets in der gleichen Form erscheinen. Das heißt auch, dass der Lesefluss nicht durch irritierende Schreibweisen behindert bzw. verzögert wird.

Das Ziel heißt: Texte verfassen

Wenn wir festhalten, dass das *Formulieren* und das *Rechtschreiben* sozusagen „zwei Paar Stiefel“ sind, dass es sich um *unterschiedliche Fähigkeiten* handelt, so heißt dies nicht, dass die richtige Schreibweise nicht mehr gelernt werden sollte. Vielmehr sollten unterschiedliche Fähigkeiten auch auf verschiedenen Wegen trainiert werden. Hierbei geben die rechtschriftlichen Abweichungen in Kindertexten interessante Einblicke in bereits vorhandene Kenntnisse und Theoriebildung. Die gesamte Sichtweise von Fehlleistungen hat sich verändert, nämlich weg von der absoluten Fehlervermeidung hin zur Betrachtung von Fehlern als konstruktive Möglichkeit Erkenntnisse zu gewinnen bzw. selbstständig Lernfortschritte zu erzielen. Das sog. „Recht auf Fehler“ gilt auch und gerade für die Entwicklung von Rechtschreibfähigkeiten. Das Prinzip „aus Fehlern lernen“ gilt auch hier. Beim Schreibprozess selbst darf also das Nachdenken über die richtige Schreibweise nicht zur Unterbrechung des Formulierungsvorhabens führen, es darf keine Schreibhemmung entstehen.

Das Wichtigste bei der Textproduktion ist tatsächlich der Text, das Produkt des einzelnen Kindes bzw. die gesamte *individuelle Schreibentwicklung.*

2. Texte schreiben

Schreibmotivation schaffen/Schreibfreude wecken

Wenn Kinder keine Schreibhemmungen aufbauen sollen – die uns Erwachsenen oft zu schaffen machen –, so ist es von entscheidender Bedeutung, dass sie Freude am Schreiben von Texten gewinnen. Dass Kinder gerne schreiben, dass sie keine hemmenden Vorbehalte im Hinblick auf das eigene Können, keine Ängste im Hinblick auf die richtige Rechtschreibung entwickeln, sollte das Kernziel unserer pädagogischen Bemühungen darstellen. *Schreiben lernt man nur durch Schreiben*, so wie man auch Auto fahren bzw. Einparken besonders gut durch stetiges Ausprobieren, durch Üben lernt. Die Konsequenz daraus wäre, nicht nur ganz früh mit dem schriftlichen Formulieren zu beginnen, sondern auch häufig derartige Anlässe – auch relativ „kleine" – zu nutzen. Dies heißt auch, dem „groß" und ausführlich vorbereiteten Aufsatz eine Absage zu erteilen.

Eine Schreibidee entwickeln/Gedanken formulieren

Wenn man vor dem berühmten leeren Blatt sitzt und soll einen Text produzieren, so stellen sich im Prinzip zwei Probleme: Das erste und entscheidende bezieht sich darauf, ob man eine Schreibidee hat, ob man etwas zu schreiben weiß; das zweite betrifft das Formulieren, das „In-Worte-Kleiden" des Inhalts, der Gedanken. *Wenn man nichts zu schreiben hat, wenn die Schreibidee fehlt, so kann man auch nichts schreiben.* Diese lapidare Weisheit wird jedoch bei den Themen, die immer noch häufig in Schulen gestellt werden – und die sich auch in einschlägigen Schulbüchern finden –, außer Acht gelassen. „Als ich einmal Angst hatte" lautet solch ein Thema, zu dem ein Kind schrieb: „Ich hatte noch nie Angst"; oder „Mein Lieblingsgericht", wozu die Aussage kam: „Ich mag alles". Wird das Thema „breiter" angelegt, wird das Spektrum der Möglichkeiten größer, so finden sich auch mehr Textmöglichkeiten (s. Kap. 6.1, Ein Rahmenthema finden).

Einen eigenen Text finden

Ähnlich zweifelhaft ist das Nacherzählen von vorgelesenen Texten, wenn auch aus anderen Gründen. Der Inhalt wäre vorhanden, das Kind brauchte hierzu keine eigene Schreibidee zu entwickeln. Dagegen spricht allerdings, dass es lebenspraktisch bei der *Textproduktion* im Allgemeinen darum geht *eigene Gedanken zu verschriften.* Hinzu kommt, dass ein ausgewählter Text im Allgemeinen für die Kinder „perfekt" erscheint und sie an eine entsprechend anspruchsvolle Textgestalt gar nicht „herankommen" können. Unter dem Aspekt der Schreibfreude, der Schreibmotivation, auch im Hinblick auf das Interesse anderer – was das Lesen oder Vortragen angeht – stellt die Nacherzählung also keinen sinnvollen Schreibanlass dar. Bei der Bildfolge handelt es sich in gewisser Weise ebenfalls um eine Nacherzählung oder eine Überprüfung des Textverständnisses. Die Bildfolge ist ein Text, eine Geschichte, die in Bildern erzählt wird. Die oft missbrauchten „Vater-und-Sohn-

Geschichten“ stellen beispielsweise hohe Anforderungen an die Rezeptionsfähigkeiten: Die bildlichen Mitteilungen müssen entschlüsselt, die Pointe muß erfasst werden. Hierin – wie auch in Bildfolgen generell – liegt sicherlich ein geeigneter Sprechanlass, weniger ein Anlass zum Schreiben.

Auch ein kurzer Text ist ein Text
– Ein Plädoyer für wenig umfangreiche Schreibprodukte –

Grundlage für die Entfaltung von Schreibideen ist ein breites Spektrum von Anregungen. Ist dies gegeben, so treten oft auch die *Formulierungsschwierigkeiten* in den Hintergrund. Wenn ein Kind spezielle Schwierigkeiten hierbei hat – oft hat nur die Ermutigung gefehlt –, nützt m. E. nur eine *individuelle Hilfestellung*, die nicht unbedingt darin bestehen sollte eine „Geschichte“ erzählen zu lassen und diese aufzuschreiben. Dieser Weg erscheint mir nur dann sinnvoll, wenn das Kind den Verschriftungsprozess nachvollziehen kann, wenn das schriftiche Formulieren also langsam genug erfolgt und das Kind Einblick in das Tun gewinnt. Natürlich kann das Aufschreiben durch die Lehrperson eine Art Motivationsschub erzeugen und ist insofern gerechtfertigt.
Ich halte es allerdings für günstiger für die Schreibentwicklung des Kindes, wenn es ermuntert wird *ganz kurze schriftliche Äußerungen* zu Papier zu bringen, die auch als *Text-Produkt* gewürdigt werden. Nach meiner Erfahrung stellt es für viele Kinder eine außerordentliche Hilfe bzw. Ermutigung dar, wenn man von ihnen keinen umfangreichen Text erwartet, sondern – auch in den Klassen 3 und 4 – durch die Vorgabe einer kurzen Schreibzeit bzw. einer „kleinen“ Schreibaufgabe den zu schreibenden *Text* von vornherein *überschaubar* und damit auch die *Aufgabe erfüllbar* macht. Auch für Kinder, die die deutsche Sprache noch nicht komplett beherrschen, stellt die Aufgabe einen kurzen Text – aus wenigen Sätzen oder sogar aus nur einem Satz bestehend – zu erstellen eine leistbare Anforderung dar. Kinder, die durch *das Schreiben kurzer Texte im Zusammenhang einer weiten Aufgabenstellung* – und den damit gegebenen Chancen zu einem eigenen Text zu kommen – ein Erfolgserlebnis hatten, werden Schreibfreude und Zuversicht entwickeln. Damit wäre dann die Grundlage für eine weitere *Entfaltung der individuellen Schreibfähigkeiten* gegeben.

3. Freies Schreiben – Offene Schreibanlässe

Freies Schreiben

Die Idee Kindern *Freiräume* für die Entwicklung eigener Texte zu lassen ist nicht neu. Im Rahmen der gesamten reformpädagogischen Bestrebungen, vor allem bei Freinet, finden sich Vorschläge Kinder dann schreiben zu lassen, wenn sie etwas zu schreiben haben. Aufgegriffen wurden diese Gedanken vor allem von Sennlaub (1980), der mit seiner Kritik an der herkömmlichen Aufsatzdidaktik deren Künstlichkeit und Lebensferne – im Hinblick auf die Bedürfnisse und Möglichkeiten der Kinder – deutlich machte.

Freies Schreiben heißt – zumindest in der „reinen" Form –, dass ein Kind schreibt, *wenn* es etwas schreiben möchte, dass es das schreibt, *was* es schreiben will, und dass es so schreibt, *wie* es schreiben will. Hierfür kommen vor allem Zeiten bzw. Phasen von Freier Arbeit in Betracht. Freies Schreiben kann natürlich auch heißen, dass ein Kind gar nicht schreiben will. Hat die Lehrerin oder der Lehrer das Textschreiben von Anfang an betrieben, die Kinder hierzu ermuntert, so kommt dies wohl selten vor. Es ist durchaus möglich mit dem Freien Schreiben und in Kombination mit Sachthemen bzw. dem Sachunterricht das gesamte Spektrum der Schreiberziehung abzudecken.

Offene Schreibanlässe mit thematischen Anregungen

Andererseits gibt es Kolleginnen und Kollegen, denen diese Freiräume aus diversen Gründen nicht zur Verfügung stehen. Diese möchte ich ermutigen auch im konventionellen Rahmen offene Schreibformen zu praktizieren. Im Unterschied zum Freien Schreiben werden bei „offenen Schreibanlässen" *thematische Anregungen* gegeben.

Ähnlich wie beim *Kreativen Schreiben,* wobei durch Vorgaben bzw. durch eine gezielte *Initiationsphase* Möglichkeiten für Ideenentfaltung geschaffen werden, sollen diese weit gefassten Anregungen – *bei freier Wahl der Textsorte* – das *Schreibrepertoire erweitern* helfen. Die hierfür zur Verfügung stehenden Verfahren bzw. Materialien können natürlich ebenfalls im Rahmen von Freiarbeits- und Wochenplanangeboten eingesetzt werden.

Ein weiterer Grund dafür sich nicht ausschließlich auf das Freie Schreiben zu beziehen liegt m. E. darin, dass die Kinder sich hierbei manchmal selbst beschränken auf die Erzählung von Erlebnissen oder Phantasiegeschichten. Ich halte es für sehr wichtig, dass Gelegenheiten geschaffen werden auch andere Schreibformen zu praktizieren, dass z. B. der *Sachtext* stets gleichberechtigt zur Wahl steht, da dieser lebenspraktisch besonders bedeutsam ist.

4. Schreiben zu Rahmenthemen

Einen individuellen Schreibanlass finden

Vor vielen Jahren beschrieb ein Hauptschullehrer (Wünsche, Konrad: Die Wirklichkeit des Hauptschülers, 1972) seine Erfahrungen mit seinen Schülerinnen und Schülern und den im Sprachbuch vorgegebenen Aufsatzthemen. Beim Thema „Ferien" wurde ganz deutlich, dass die Jugendlichen keine Meinung zu irgendwelchen Vorlieben – lieber in die Berge oder ans Meer? – oder Erlebnissen hatten, gar nicht haben konnten, da die finanziellen Verhältnisse der Eltern keine Ferienreisen zuließen. Wurden die Jugendlichen aufgefordert bzw. erhielten sie die Möglichkeit zu Themen zu schreiben, die sie selbst in irgendeiner Weise betrafen, so zeigten sie sich in erstaunlicher Weise schreibkompetent.

Über sich selbst, über eigene Gedanken, Meinungen, Stimmungen, Befindlichkeiten schreiben zu dürfen eröffnet Spielräume für „Personales Schreiben" (vgl. Spinner 1993). *Die Entscheidung sich je nach Thema und persönlicher Anbindung eher emotional oder eher sachbezogen zu äußern bietet weitere Freiräume.*

Legen wir die *Schreibfunktionen* zugrunde, die z. B. im Lehrplan Sprache für Nordrhein-Westfalen genannt werden – *erzählen, informieren, appellieren* – , so werden lebenspraktisch bedeutsame Textformen bzw. -sorten (Sachtext, Aufruf etc.) gleichberechtigt neben die schultypische, „klassische" Erzählung gesetzt.

Das ganze breite *Spektrum möglicher Textsorten* bzw. Themen steht dem einzelnen Kind zur Verfügung, wenn lediglich ein *thematischer Rahmen* vorgegeben wird. Das heißt natürlich nicht, dass das Kind sich bewusst für eine bestimmte Textsorte entscheidet. Abgesehen davon, dass häufig *Mischformen* produziert werden, wobei die eine oder andere Funktion stärker gewichtet ist oder im Vordergrund steht, erfolgt eine Betrachtung des Produkts und ggfs. eine Einordnung erst *nach dem Schreibprozess*. Wichtig ist, dass jedes Kind *seinen individuellen Schreibanlass* finden kann und damit die Grundvoraussetzung für eine Textproduktion gegeben ist.

Keine mündliche Vorarbeit

Eine wie immer geartete kollektive mündliche Vorbereitung verbietet sich daher von selbst, denn *individuelle Schreibideen* erfordern *individuelle Arbeit.* Hinzu kommt, dass für die mündliche Kommunikation andere Regularitäten gelten als für die schriftliche (z. B. das Abbrechen einer Äußerung, das typisch ist für den mündlichen Sprachgebrauch u. a.). Im Übrigen wissen erfahrene Lehrkräfte, dass bei einer vorausgehenden Erzählphase etliche Kinder die Inhalte bzw. Ideen anderer übernehmen, vorzugsweise von solchen, die in der Klasse viel gelten. Unsere Absicht besteht jedoch darin jedem Kind zum Erfolgserlebnis zu verhelfen, jedem Kind eine individuelle Schreibentwicklung zu ermöglichen. Gespräche mit einzelnen Kindern, mehr oder weniger konkrete Hinweise auf eine mögliche Vorgehensweise, haben hingegen einen anderen Stellenwert.

Die Textsorte selbst bestimmen

Die Erfahrung zeigt, dass die Entscheidung eines Kindes für einen bestimmten Text zum Teil von persönlichen Neigungen bestimmt wird – manche Kinder äußern sich lieber sachbezogen –, aber ebenso stark von dem Bezug zum jeweiligen Thema oder auch von der „Tagesform“. Auf diese Weise werden von vielen Kindern im Laufe der Zeit auch unterschiedliche Schreibfunktionen wahrgenommen. Geschieht dies nicht, so bleibt immer noch die Möglichkeit in anderen Zusammenhängen gezielt auf die Produktion bestimmter Textsorten – nicht Darstellungsformen! – hinzuarbeiten.
Wenn Kindern die Chance eröffnet wird ihre Textsorte selbst zu bestimmen, z. B. ihr *vorhandenes Sachwissen* einzubringen, so wird damit eine wesentliche Voraussetzung für die Entwicklung einer eigenen Schreibidee geschaffen. Wenn das *Ziel* darin besteht Kinder dahin zu führen, dass sie *Texte produzieren* können, dass sie schriftlich formulieren können, so ist eine *Textsortenvorgabe* hierfür *eher hinderlich.*

Rahmenthemen bieten viele Möglichkeiten

Denken wir noch einmal an das Beispiel „Als ich einmal Angst hatte“. Wird das Thema „Angst“ als Rahmenthema gesetzt, so besteht die Möglichkeit über das Gefühl der Angst zu schreiben, es eventuell zu beschreiben. Man kann über die Beobachtung eines ängstlichen Tieres schreiben, über ängstliche Menschen, die man kennt, über persönliche Ängste, über Angstüberwindung, über angsterzeugende Filme etc.
Auch das Thema „Essen“ – im Gegensatz zu „Mein Lieblingsgericht“ – bietet ein weites Feld für sachbezogenes Schreiben (gesunde Ernährung, Erklärung eines Kochvorganges, Aufschreiben eines Rezeptes, Katzennahrung etc.) wie auch für Erzählungen (ein Familienfest, ein Festessen, gemeinsames Kochen, ein neues Schlaraffenlandmärchen etc.) oder appellative Texte (Achtet auf gesunde Ernährung! Keine Eier von unglücklichen Hühnern! Hütet euch vor dem Zucker! etc.). Gedanken zum Thema – manchmal fast philosophisch anmutende Texte – wie auch Vorlieben und Abneigungen bzw. Einstellungen könnten ebenfalls thematisiert werden.

Unterschiedliche Textsorten – ein Problem?

Das Problem, wie man mit den so entstandenen Texten umgeht, wo die „Vergleichbarkeit“ liegt etc., lässt sich leicht lösen, wenn man Erkenntnisse der Textlinguistik zu Hilfe nimmt (s. Kap. 7, Texte auswerten). Bestimmen zu können, ob ein Text als solcher bezeichnet werden kann, ob er ein *gelungenes Produkt* darstellt ist für Lehrerinnen und Lehrer wie auch für Kinder ohne weiteres zu leisten, wenn man sich mit den sprachlichen Voraussetzungen beschäftigt hat.

5. Texte schreiben im Unterricht

Eine angstfreie Situation schaffen

Bei jedem *Schreibanlass* geht es darum eine *Idee* zu entwickeln, aus der Vielfalt der Einfälle eine *Auswahl* zu treffen, eine *Entscheidung* zu fällen. Diese Entscheidung kann sich auf einen gesamten Text beziehen, sozusagen auf die grobe Textidee. Es kann sich jedoch ebensogut nur um einen Anfang handeln und die Textidee wird erst im Schreibprozess entwickelt, sozusagen als „Selbstläufer". Grundlage dafür, dass mit dem Schreiben begonnen wird, begonnen werden kann, ist eine angstfreie Situation ohne Druck, in der Motivation gedeihen kann.
Nach meiner Erfahrung fangen jüngere Kinder erst mal an mit dem Schreiben und gehen Stück für Stück weiter. Sie formulieren eine Überschrift zumeist erst nach Aufforderung, nachdem der Text entstanden ist. Ältere Kinder beginnen häufig mit der Überschrift und haben vermutlich „das Ganze" bereits im Kopf. Meines Wissens liegen hierzu keine gesicherten empirischen Erkenntnisse vor, wie auch insgesamt gesehen wenig Konkretes über die Abläufe im Gehirn beim Lesen und Schreiben vorliegt. Als typisch für den Schreibprozess gilt das wiederholte Lesen des eigenen Textes und die Suche nach einem weiteren Anschluss, „die Interaktion mit den eigenen Gedanken, mit sich selbst". Auch dieses Verhalten dürfte bei älteren Kindern eher zu Tage treten als bei jüngeren.

5.1 Texte schreiben in Klasse 1/2

Die Hand ist nicht so schnell wie der Kopf

Nicht übersehen werden darf, dass Kinder (und auch Erwachsene) oft schneller gedanklich formulieren als sie schreibtechnisch in der Lage sind diese Gedanken aufs Papier zu bringen (Baurmann/Ludwig 1986). Besonders augenfällig ist dies natürlich bei Kindern im *Anfangsunterricht.*
Ein Computer bzw. die Verwendung eines Textverarbeitungsprogrammes kann hier ganz neue, überzeugende Möglichkeiten bieten. Und zwar sowohl im Hinblick auf die Schreibgeschwindigkeit als auch auf die Möglichkeiten nachträglich etwas einzufügen und mit Hilfe des klaren Schriftbildes schneller und leichter den eigenen Text wiederholt zu lesen. Kinder sollten in jedem Falle ihr Schreibgerät selbst auswählen, wobei „sinnliche Schreibgeräte" (Spitta) zur Schreibmotivation beitragen können.

Jedes Kind braucht Bestätigung

Da das Schreiben in der 1. und 2. Klasse mithin eine unendliche Mühe darstellt, kommt es in erster Linie darauf an diese *Bemühungen* zu *würdigen*, dem Kind zu einem Erfolgserlebnis zu verhelfen. Da alle Kinder ihren Text präsentieren, jemandem zur Kenntnis bringen möchten, ist es oft sinnvoll, dass die Kinder sich ihre

Texte gegenseitig vorlesen. Dies kann in Partnerschaft geschehen oder in kleinen Gruppen.
Erst nachdem jedes Kind sein Produkt jemandem zur Kenntnis gebracht hat, sollte die Vorstellung einzelner Texte vor der Klasse erfolgen. Bei der Kürze der Texte ist es natürlich zeitweilig auch möglich, dass alle Kinder vor der Klasse vorlesen. Wichtig ist jedoch, dass wirklich jedes Kind seine Bestätigung findet.
Der Weg, über eine *schriftliche Präsentation* alle Texte allen verfügbar zu machen, kann nur beschritten werden, wenn die Lehrperson alle Texte rechtschriftlich korrekt abtippt. Da Kinder manchmal in der Lage sind ihre eigene lauttreue Schreibweise auch bei anderen nachzuvollziehen, können eventuell auch Original-Texte kurzzeitig präsentiert werden. Manche Lehrerinnen und Lehrer setzen die korrekte Schreibweise in dünner Bleistiftschrift unter die oft so originell gestalteten Kindertexte und geben damit ebenfalls eine Lesehilfe (und genügen dem Anspruch, dass bei einer Veröffentlichung die Rechtschreibung stimmen sollte).

Ein Text ist ein Stück von mir

In der ersten und zweiten Klasse steht also *das Schreiben selbst* absolut im Vordergrund. Für eine wie immer geartete selbstständige Überarbeitung im Sinne von Schreibkonferenzen fehlt den Kindern eine wesentliche Voraussetzung, nämlich die dafür notwendige Distanz zum eigenen wie auch zum fremden Produkt.
Es kommt gelegentlich vor, dass Kinder so formulieren, dass einfach nicht zu verstehen ist, was sie denn meinen (unabhängig von der Rechtschreibung). Auch diese Kinder merken zumeist selbst nicht, dass ihr Text für andere Schwierigkeiten beinhaltet, da sie ja das, was sie sagen wollten, im Kopf haben. Es gehört pädagogischer Takt bzw. Fingerspitzengefühl dazu hier korrigierend einzugreifen und mit dem Kind gemeinsam eine verständliche Formulierung zu finden. Dies sollte stets im Dialog mit der Lehrperson und niemals vor der Gruppe geschehen.

Würdigen statt Bewerten

Der Zwang zur Bewertung fällt zumeist weg, da in den Anfangsklassen in vielen Bundesländern keine Ziffernnoten gegeben werden müssen. Verbale Aussagen zu den Schreibfähigkeiten eines Kindes sind dagegen eher möglich. Vor allem anderen kommt es jedoch darauf an, dass das einzelne Kind eine *positive Rückmeldung* für die Mühen des Texterstellens erhält, und zwar sowohl durch die Kinder als auch durch die Lehrperson.
Eine starke Motivation stellt – besonders in dieser Altersgruppe – die Veröffentlichung von Texten dar.

Eltern aufklären

Wichtig ist es die Eltern einzubeziehen, Aufklärungsarbeit zu leisten, damit die Eltern nicht durch gut gemeinte Ratschläge („So schreibt man das richtig") die Schreibmotivation ihrer Kinder zunichte machen. Oft muss den Eltern auch erst deutlich gemacht werden, welche *Leistungen ihre Kinder* bereits vollbringen, wenn sie einen kleinen Text verfassen. Den bereits zuvor erläuterten Unterschied zwischen Schreib-Fähigkeit und Rechtschreib-Fähigkeit gilt es den Eltern deutlich vor Augen zu führen.

5.2 Texte schreiben in Klasse 3/4

Schreiberziehung betreiben

Ebenso wie in Klasse 1 und 2 ist es natürlich auch in den Klassen 3 und 4 bedeutsam den „Dreierschritt" von *Idee finden, schreiben, Text präsentieren* bei jeder Textproduktion zu vollziehen. Schreiben zu können und das Produkt gewürdigt zu wissen sind grundlegende Bestandteile für den Aufbau bzw. *Erhalt von Schreibfreude*. Diese wiederum muss unter allen Umständen erhalten bleiben, wollen wir unser *Ziel Kinder zu Schreiberinnen und Schreibern zu machen*, die ihre Gedanken bzw. ihr Anliegen ohne hemmende Vorbehalte adäquat ausdrücken können, erreichen.
In diesen Zusammenhang muss auch die Überarbeitung von Texten gestellt werden. Es geht hierbei nicht darum implizite, unreflektierte Textnormen zu vermitteln und damit eine Art Einheitstext, die sog. „Grundschulprosa" zu erzeugen. *Nicht jeder Text, der von Kindern verfasst wird, muss bewertet werden.* Und auch für eine *Überarbeitung* kommt *nicht jeder Text* in Betracht.
Wesentlich erscheint mir in jedem Falle das *Herausstellen des Positiven*, der besonders gut gelungenen Textpassagen bzw. sprachlich/stilistischen Mittel. Hierbei bewegen wir uns im Bereich „Sprache untersuchen", das heißt wir finden heraus, welche sprachlichen Mittel welche Wirkung haben bzw. haben können. Der Zusammenhang mit dem Lesen tritt hierbei sofort zu Tage, wobei anzumerken ist, dass interessante, vielseitige *Kindertexte* ideale *Lesetexte* für die jeweils anderen Kinder darstellen. Auch unter diesem Gesichtspunkt ist ein *breites Spektrum von möglichen Textprodukten* wünschenswert, wie es bei einer „weiten" Themenstellung möglich wird. Das *Nachdenken über eigene und fremde Texte*, das Sprechen hierüber, ist der Aspekt, der in den Klassen 3 und 4 ergänzend hinzukommt zur schriftlichen Äußerung.

Würdigen statt kritisieren

Auf jeden Fall sollte vor einer möglichen negativen Kritik eine *positive Bewertung* stehen, der Blick für das, was geleistet wurde, geschärft werden. Auf diese Weise entsteht auch ein Beitrag zur sprachlichen Sensibilisierung. Als kritisches Überprüfungselement kommt m. E. in erster Linie die Frage nach der Verständlichkeit in Betracht. Auf jeden Fall muss allen Beteiligten stets klar sein, dass ein *Text* ein außerordentlich *sensibles Produkt* ist.

5.3 Strukturierung des Unterrichts

Handlungsschritte

Bei jedem Schreibanlass wird es darum gehen eine Schreibidee zu entwickeln, den Text zu produzieren, ihn zu präsentieren und gewürdigt zu sehen. Die Präsentation kann einhergehen mit einer mehr oder weniger ausführlichen Auswertung im Hinblick auf die entstandenen Textsorten sowie positiv auffällige sprachliche Gestaltungsmittel (s. Kap. 7, Texte auswerten). Für eine alltägliche Textproduktion, für das Üben von schriftlichem Formulieren, genügt dieser Dreierschritt.
Erst wenn die Veröffentlichung der Texte beabsichtigt ist, werden die Fragen nach der rechtschriftlichen Korrektur sowie weiteren Korrektur- bzw. Überarbeitungsschritten aktuell (s. Kap. 8, Texte veröffentlichen). Wir sollten also stets unterscheiden, ob es sich bei dem gewählten Schreibanlass um ein „kleines" oder ein „großes" Unternehmen handelt und entsprechend agieren. Wollten wir bei jedem produzierten Text alle denkbaren Arbeitsgänge vollziehen, so fehlte uns die Zeit für die wünschenswerten zahlreichen Gelegenheiten einen schriftlichen Text zu verfassen.

Differenzierter Schreibanfang

Einen wichtigen Punkt im Hinblick auf eine nicht nur organisatorische Differenzierung stellen der differenzierte Schreibanfang wie auch das differenzierte Schreibende dar. Egal mit welchen thematischen Anreizen man arbeitet, zumeist werden die verschiedenen Kinder unterschiedlich schnell beginnen können.
Oft genügt es einfach noch *Zeit* zu *lassen* zum Nachdenken. Manchmal wird durch eine Nachfrage, ein kurzes Gespräch, die „Initialzündung" in Gang gebracht. Auf jeden Fall ist Gelassenheit gefragt, wenn es darum geht dem ablehnenden „ich weiß nichts" wenigstens eine kleine Schreibaufgabe entgegenzusetzen. Erfahrungsgemäß wissen bei einer offenen Aufgabenstellung *alle Kinder* etwas zu schreiben, vor allen Dingen, wenn mit der Textproduktion schon früh – in der ersten Klasse – begonnen wird. Vermeiden sollte man auf jeden Fall Äußerungen wie „Wer nichts schreiben kann …"! Auf diese Weise wird die Möglichkeit des Nichtkönnens suggeriert, statt Zuversicht und Vertrauen in die Schreibfähigkeiten zu vermitteln im Sinne einer ermutigenden Erziehung.

Differenziertes Schreibende

Ein differenziertes Ende des Textschreibens ergibt sich bereits dadurch, dass Kinder einen unterschiedlichen Zeitbedarf haben für das Schreiben selbst wie auch durch die Textlänge. Schon in der ersten Klasse ist es möglich ein differenziertes Schreibende einzuführen:
Wer fertig ist, trifft sich mit drei bis vier anderen Kindern in der Leseecke, auf dem Flur etc. Hier liest man sich die Texte gegenseitig leise vor. Ob und wann außer dem „Zur-Kenntnis-Nehmen", der Befriedigung des Interesses am Inhalt der fremden Texte und der Präsentation des eigenen Textes weitere Aufgabenstellungen hinzukommen, muss klassenspezifisch entschieden werden.

Differenziertes Schreibende: Die Kinder lesen sich in kleinen Gruppen ihre Texte gegenseitig vor.

Strukturierung eines Schreibanlasses:

Eine Schreibidee entwickeln
– Breite Anregungen durch Rahmenthemen –

Differenzierter Schreibanfang:
Wer etwas zu schreiben hat, schreibt.
Wer Nachdenk-Zeit braucht, bekommt diese.
Wer einen weiteren „Anstoß“ braucht, führt ein Gespräch.

Einen Text schreiben
Schreiben auf große, lose Blätter.
Schreibgerät nach Wahl bzw. Bleistift.

Den Text präsentieren
Differenziertes Schreibende:
Wer seinen Text fertiggestellt hat,
trifft sich mit anderen Kindern in einer kleinen Gruppe.
Alle Kinder der Gruppe lesen ihren Text vor.

Bei Veröffentlichung:

Rechtschreibkorrektur
Textuale Überarbeitung/Korrektur

6. Schreibanlässe

6.1 Ein Rahmenthema finden

Wenn die Textsorte selbst bestimmt, wenn ein individueller Schreibanlass gefunden werden soll, muss das Thema entsprechend „weit“ gefasst sein, damit tatsächlich eine Fülle von Möglichkeiten eröffnet wird. Um Missverständnissen vorzubeugen: *Das Kind plant üblicherweise nicht im Hinblick auf eine bestimmte Textsorte.* Das Kind bekommt vielmehr die Chance eigene Gedanken und Ideen zu einem Thema zu entwickeln, Assoziationen zu entfalten und dann, wenn ein Inhalt vor Augen steht, wenn eine globale Textidee oder ein Anfang gefunden ist, loszuschreiben. Kinder sind im Allgemeinen an Inhalten orientiert, sowohl beim Schreiben als auch beim Präsentieren (Vortragen und Aufnehmen) von Texten.
Ist also die *inhaltliche Schreibidee* – sozusagen ein „Packende“ – gefunden, so formuliert das Kind entsprechend seinen Vorstellungen, d. h. es versucht seine Gedanken schriftlich niederzulegen. Über die Schwierigkeiten dieses Prozesses, über die Art der Anstrengungen, die nötig sind, wissen wir – wissenschaftlich betrachtet – noch nicht genug, um gezielt eingreifen bzw. fördern zu können. Einzelaspekte wie das wiederholte Lesen des bereits Geschriebenen und Probleme mit der Schreibgeschwindigkeit (die Gedanken sind schneller als die Hand) sind uns aus eigener Erfahrung/Anschauung bekannt. Die in der Vergangenheit oft thematisierte Sichtweise des grundsätzlich unterschiedlichen Anspruchsniveaus von Geschriebenem und Gesprochenem (schriftliche Äußerungen als generell höherwertig bzw. anspruchsvoller/schwieriger, da ohne situative Anbindung und schnelle Rückmeldungen) kann so nicht aufrecht erhalten werden. Es gibt sehr unterschiedliche Anforderungen an schriftliche wie mündliche Äußerungen, wenn wir z. B. eine schriftliche Nachricht/einen persönlichen Brief mit einem Vortrag, ein informelles Gespräch mit einem Meinungsbrief an eine Zeitung vergleichen.
Entscheidend ist für unsere Kinder, dass sie häufig Gelegenheit erhalten anhand vielseitiger thematischer wie textsortenspezifischer Möglichkeiten schriftliches Formulieren zu üben, ihre *individuellen Fähigkeiten im Hinblick auf Textproduktion zu erproben und zu entwickeln.* Kern der Anforderungen, die wir an das gesetzte *Rahmen-Thema* stellen, ist daher dessen *Anregungsgehalt.* Es muss eine breite Palette von Möglichkeiten entsprechend den kindlichen „Horizonten“ bieten, sowohl im Hinblick auf inhaltliche Anbindungen als auch auf denkbare Textsorten wie Sachtext, Erzählung, Meinungsäußerung etc. Vorschläge für Rahmenthemen kommen anfangs sicherlich eher von Seiten der Lehrperson, im Laufe der Zeit sollten die Kinder jedoch an der Themenfindung beteiligt werden.

Zwei Groß-Bereiche können bei der Themenstellung unterschieden werden:

Sprachlich präsentierte Themen/
Schreiben zum Stichwort-Rahmenthema:
- Schreiben zum thematischen Stichwort
- Automatisches Schreiben (individuelle thematische Vorbereitung/Sammlung)
- Clustering (Themenkonferenz/Ideensammlung in Gruppen)

Medienunterstütztes Schreiben:
- Gegenstände/Sachen
- Bilder
- Geräusche/Musik
- Gerüche

6.2 Schreiben zu sprachlich präsentierten Themen bzw. Stichwort-Rahmenthemen

Ein thematisches Stichwort finden

Für die o. a. Schreibanlässe (Stichwort, automatisches Schreiben, Clustering), die verbal (schriftlich oder mündlich) vermittelt werden, benötigen wir passende thematische Stichworte. Auf eine bestimmte Wortart muss man sich hierbei nicht festlegen. Nach meiner Erfahrung bieten sich eher Nomen als Verben oder Adjektive an. In dieser Hinsicht gibt es allerdings noch viel auszuprobieren. Entscheidend ist, dass die *Themenformulierung* tatsächlich *weite Spielräume* für mögliche Texte eröffnet.
Es gibt keinen Mangel an Themen, so dass die folgende – beliebige – Auflistung nur Anregungscharakter hat und von Lehrpersonen und Kindern in jeder Hinsicht weitergeführt werden kann. Eine gewisse „Sortierung" erfolgt nur aus Gründen der Überschaubarkeit.

Beispiele für Stichwort-Rahmenthemen:

Straße   Wohnung   Garten   Schule   Schulhof
Wald

Alltag   Sonntag   Ferien   Abend   Morgen
Nacht

Familie Geschwister Oma/Opa

Freunde/Freundinnen Kinder Erwachsene

Tiere Baum Wolken Erde Himmel

Sonne Mond Sterne Nacht

Feuer Wasser Wind

Stadt Dorf Zoo Musik Auto Kirmes

Tränen Ärger Freude Wut Mut

Frühling Sommer Herbst Winter

Essen Spielen Wünschen Krank sein

Einkaufen Geld

Ich liege im Bett
und schlafe. Da
kommt Mama und
kräht wie ein Hahn.
Ich ziehe mir die
Decke bis Uber beide
Ohren und bin dann
Wütend auf meine Mutter.

Eine Wut-Geschichte
(Bärbel, Klasse 2)

Ein Rahmenthema
muss ein breites Anregungsspektrum bieten.
Eigene Gedanken, Ideen, Assoziationen
werden entfaltet.
Eine Schreibidee wird gefunden.

6.2.1 Schreiben zu einem thematischen Stichwort

Das Schreiben zu einem Stichwort stellt ein sehr einfaches Verfahren dar, um zu einem vielseitig verwendbaren Thema – zu einem Rahmenthema – das Schreiben von Texten unterschiedlicher Art zu ermöglichen. Wir können – um einen strukturierten Überblick zu bekommen – etwa drei Varianten des Schreibens zu einem Stichwort unterscheiden:

Schreiben zum Stichwort
- gesetzt oder frei gewählt, ohne thematischen Zusammenhang, spontan
- in Verbindung mit einer Textrezeption
- situativ

6.2.1.1 Schreiben zum thematischen Stichwort: spontan

Eine Themenbox für die freie Arbeit

Neben dem situativ gefundenen thematischen Stichwort und dem damit verbundenen „schnellen" Schreibanlass, neben den mit einer Textrezeption im Zusammenhang stehenden Schreibanlässsen, gibt es natürlich immer die Möglichkeit das Schreiben zu einem Thema-Stichwort auch unabhängig zu verwenden. Dies wäre zum Beispiel möglich in Form einer *Themenbox*, in die man hineingreifen kann. Eine solche Box könnte zum Angebotsrepertoire *für Freie Arbeit oder Wochenplanarbeit* gehören.

Schreiben als Unterrichtsaufgabe

Andererseits kann auch ein *Schreibauftrag* damit eingeleitet werden, dass das thematische Stichwort angeschrieben oder genannt wird, ohne weitere Vorrede bzw. Vorarbeit. Der Auftrag heißt: „Schreiben" bzw. „einen Text produzieren". Hinsichtlich der Textsorte, der Textlänge oder sonstigen – wie immer gearteten – Erwartungen ,werden keinerlei Aussagen gemacht. Nach meiner Erfahrung schreiben alle Kinder, wenn ihnen keine weiteren Vorschriften gemacht werden bzw. wenn die Anforderung auf den „Kern", das Schreiben eines Textes, reduziert wird und sie mit dem thematischen Stichwort „etwas anfangen" können.

In Klasse 1 anfangen!

Ich möchte zuerst ein *Beispiel aus einer ersten Klasse* vorstellen (zeitlich etwas zurückliegend, d. h. die selbstständige Arbeit mit einer Anlauttabelle war in dieser Klasse nicht bekannt).

Für eine Vertretungsstunde hatte ich überlegt, welche Wörter die Kinder mit den wenigen Buchstaben, die sie bis dahin kannten, schon schreiben bzw. lesen könnten. Ich kam auf „Mut". Dieses Wort kam in den Fibeltexten nicht vor, schien mir jedoch einen Zusammenhang mit der kindlichen Lebenswirklichkeit zu haben. Wir haben also angefangen uns über „Mut" bzw. mutige Taten zu unterhalten. Nach kurzer Zeit habe ich die Kinder aufgefordert ihre eigene *Mut-Geschichte* zu malen und das Wort „Mut" hineinzuschreiben. Alle Kinder fanden einen „Schreib"-Mal-Anlass: vom Sprung vom Dreimeterbrett bis zum Alleinsein im dunklen Zimmer. Die Texte wurden vorgestellt (Sprechanlass!), gelocht und mit einem Bändchen zusammengebunden der Klassenlehrerin am nächsten Tag überreicht: 45 Minuten für ein „kleines" Klassen-Lesebuch zum Thema „Mut".

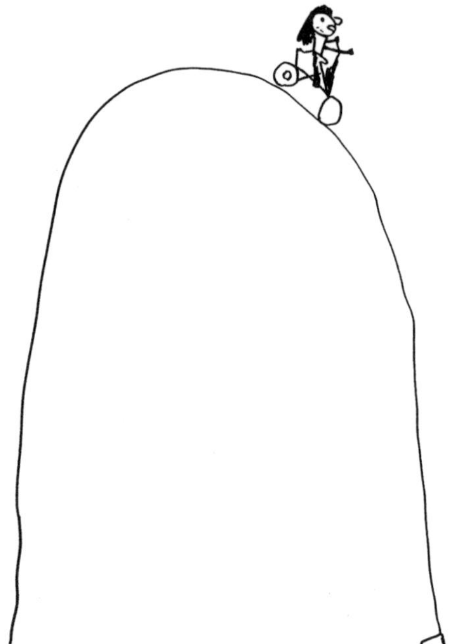

Vor kurzem wurde der gleiche Schreibanlass mit Kindern einer ersten Klasse erprobt, die nach der Methode „Lesen durch Schreiben“ (Reichen) unterrichtet werden. Ihre Ergebnisse sprechen für sich:

Wenn die Kinder alle Buchstaben schreiben bzw. wenn sie im Prinzip lesen und schreiben können, eröffnet sich ihnen das gesamte Spektrum der Schreib- bzw. textualen Möglichkeiten. Zu welchen erstaunlichen Leistungen Kinder einer ersten Klasse dann oft fähig sind, zeigt sich u. a. an folgendem Text, den ein Kind (Ende des ersten Schuljahres) zum Stichwort „Wasser“ nach einem Gespräch im Erzählkreis schrieb (Rechtschreibung wurde korrigiert):

Im Trinkwasser sind
Kolibakterien.
Es besteht keine Gefahr,
denn die Kolibakterien
können nicht schwimmen. (Mario)

Beispiele aus Klasse 2

Beim Schreiben in Klasse 1 und 2 zeigt sich sehr deutlich die Diskrepanz zwischen allgemein-intellektuellen Fähigkeiten bzw. dem allgemeinen Sprachvermögen der Kinder und der Schreib-Geschicklichkeit bzw. dem Vermögen, Gedachtes in Geschriebenes umzusetzen.
Dass bei einer offenen Themenstellung und frühen Schreibversuchen *alle* Kinder zu einem eigenen Text kommen, wurde auch beim Stichwort-*Thema „Freunde" in einer 2. Klasse* deutlich (es wurde lediglich die Rechtschreibung korrigiert):

Ich habe meine Freunde im Kindergarten kennengelernt. (Cora)

Freunde
Markus und ich haben uns seit dem ersten Schuljahr. Markus habe ich in der Schule kennengelernt. Da haben wir am 1. Tag geschaukelt. Wir sind richtige Freunde. (Sofie)

Als ich mit Katharina Freundschaft schloß
Als ich in den Kindergarten kam, lernte ich Katharina kennen. Eines Tages habe ich Katharina zum Spielen eingeladen. Da sind wir Freundinnen geworden. (Julia)

Freunde
Markus, Felix, Immo, Schali und Gorden sind in meiner Klasse und jetzt sind es meine Freunde. (Timo)

Ich habe mit meinen Freunden Freundschaft. (Martin)

Wir haben uns gestritten. Dann haben wir Freundschaft gemacht. Ich habe mich mit Markus, Jan, Cora und Michaela gestritten. Wir haben uns getreten und geschlagen. (Gregor)

Ich und meine Freunde
Ich hatte als erstes Martin als besten Freund. Aber als ich in den Kindergarten kam, hatte ich einen anderen Freund, der hieß Felix. Mit Felix habe ich am meisten gespielt. Wir haben sehr oft im Kindergarten Fangen gespielt, aber sehr oft auch gehangelt und sind auch auf den Hüpfpferdchen gehüpft. Ich habe auch noch viele in der Schule kennengelernt, zum Beispiel Sarah. (Charlotte)

Wie zu erwarten sind die Texte der Kinder einer zweiten Klasse sehr unterschiedlich. Die bereits vorhandenen *Fähigkeiten, Textteile miteinander zu verknüpfen* werden an anderer Stelle thematisiert (s. Kap. 7, Texte auswerten). Es bleibt festzuhalten, dass alle Kinder in der Lage waren einen – wenn auch manchmal einen nur aus einem Satz bestehenden – Text zu verfassen. Beim Thema Freunde/Freundschaft ist es in dieser Altersstufe naheliegend, dass eher eigene Erfahrungen thematisiert als dass grundsätzliche Erklärungen abgegeben bzw. Meinungen geäußert werden (dies könnte in Klasse 4 anders sein). Ein Anlass für das Schreiben eines Sachtextes war ebenfalls nicht gegeben.
Dieser ergab sich jedoch beim *Thema „Mein Lieblingstier"* in einer anderen *2. Klasse*: Es wurden u. a. exakte Beschreibungen des Tigers (Größe, Merkmale,

Ernährung etc.) und des Pferdes (Ernährung, Alter, Tragzeit, Fähigkeiten etc.) gegeben, die Geschichte des Hundes als Haustier wurde referiert, ebenso, wie alt Kaninchen werden und was die eigene Katze frisst, was sie kann und was sie mag. Erzählt wurde außerdem u. a. auch die Geschichte eines Meerschweinchens, das übers Wochenende in Pension gegeben wurde.

Unterschiedliche Texte

Im Folgenden ein paar Beispiele für Sachtexte, die einen emotionalen bzw. appellativen Anteil haben sowie der sehr persönliche Text eines Mädchens, das ein Jahr zuvor aus Russland gekommen war.

Eigentlich sind meine Lieblingstiere Raubtiere!!
Wenn ein Löwe brüllt, hört man es 10 km weit! (David)

Mein Lieblingstier
Mein Lieblingstier ist der Vogel. Der Vogel frißt Äpfel, Bananen und sonst etwas! Und trinken tut er nur Wasser! Den Vogel muß man jeden Tag fliegen lassen. (Ann-Kathrin)

Mein Lieblingstier
Mein Lieblingstier ist die Blaumeise. Die Blaumeise ist in Lüdinghausen zu Hause.
Sie ernährt sich von Früchten, Larven, Insekten und Samen.
Sie legt 4 bis 6 Eier.
Die Blaumeise ist im Winter sehr hungrig und andere Vögel auch. Aber viele Menschen stellen Futterkrippen auf, damit viele Vögel und auch die Blaumeisen überleben können. (Ramon)

Mein Lieblingstier
Er heißt Malisch. Er ist 9 Jahre alt. Das ist ein Schäferhund. Wir haben mit ihm Schlitten gefahren. Er hat mich immer bewacht und Ball gespielt. Ich habe ihn sehr lieb. (Tola)

Wenn wir den Text von David betrachten, dann spüren wir sofort, dass er es für ungewöhnlich hält Raubtiere zu den Lieblingstieren zu zählen: „Eigentlich …". Dieser unübliche Textanfang schließt an bereits vorangegangene Gedankengänge an. Die beiden Ausrufezeichen am Ende des ersten Satzes wie auch das am Ende des zweiten Satzes unterstreichen seine ganz *persönliche Meinung*: Raubtiere imponieren ihm, weil ein Löwe beispielsweise so laut brüllen kann, dass man es weithin hört. Es ist David gelungen mit den ihm zur Verfügung stehenden sprachlichen Mitteln (einschließlich der Zeichensetzung!) sein *Anliegen* auszudrücken.
Beim Text von Ramon „sieht" man ebenfalls das Kind, das „hinter dem Text steht". Ramon fängt an Auskünfte über die Blaumeise zu geben, aber sein Anliegen besteht darin, darauf hinzuweisen, dass Vögel – zu denen auch die Blaumeise gehört – im Winter hungrig sind und durch fürsorgliche Menschen gerettet werden.

Zum Thema „Wind“ weitere Texte aus einer *2. Klasse*:

Wind
Wind ist Luft, die schnell über die Erde geht. Wind schüttelt Blätter ab und läßt Drachen steigen. Der Wind kann auch zum Wirbelsturm werden. (Thomas)

Wind
Das Wind ist kalt. Der Wind kann auch warm sein. Der Wind ist Luft. Der Wind läßt Drachen steigen. (Mehtap)

Wind?
Der Wind ist durchsichtig und bläst die Wäsche weg, rauscht durch die Bäume und bläst die Blätter runter. Es wird kalt. Er bläst die Wolken durch die Lüfte. (Nicole)

Herbstwind
Herbstwind, ruft meine Schwester! Ich und Vera gehen nach draußen! Vera nimmt ihren Ball mit und ich nehme meinen Drachen mit. Der Wind bläst und bläst und er hört auf. Die Sonne scheint. (Sarah)

Thomas gelingt es, eine Definition von „Wind“ zu geben. Mehtap und Nicole versuchen es ähnlich. Allen dreien liegt offenbar daran die „Sache“ zu klären. Sie tun dies auf ihre je eigene Weise, mit Anbindung an ihre eigenen Erfahrungen/Vorstellungen.
Bei Sarah meint man zu spüren, dass sie einen ähnlichen Textanfang schon einmal gelesen hat, dass sie also ihre Texterfahrung hier verarbeitet. Auch in Sarahs Text haben die Ausrufezeichen offensichtlich eine wichtige Funktion. In ihren knappen Formulierungen wird das Vergnügen beim Spielen im kräftigen Herbstwind deutlich.
Dass Kinder bei freier Wahl des Textinhalts Gelegenheit haben, ihre ganz *persönlichen Anmutungen/Verbindungen* zum Thema zu verbalisieren, ist auch aus den folgenden Texten einer *3. Klasse* zu ersehen:

Thematisches Stichwort: Mai

Im Mai
Ich freu mich schon auf den 10. Mai, weil da mein Bruder geboren wird. Und ich ganz allein mit meinem Vater bin. Aber das Beste daran ist, daß ich dann die meiste Zeit mit meinem Vater spiele, zum Beispiel Super-Nintendo, Fußball oder Tennis. Das wird bestimmt eine schöne Zeit. (Nikolai)

Der Mai
Der Mai hat begonnen, die Meerschweinchen sitzen im Freigehege und fressen Gras. Ich spiele Federball mit Papa, und Stefan mit Mama Frisbee. Molli quiekt und knabbert an einer Blüte, Polli macht es sich gemütlich und pennt ein. (Sebastian)

Maiblumen
Ich war schon mal mit meiner Familie auf einer Blumenwiese. Es war da so schön, daß ich einen Blumenstrauß gepflückt habe. Es waren fast nur Maiblumen. Er sah wunderschön aus, als er fertig war. Da haben meine Mutter und meine Oma gestaunt. (Anne)

Von den Kindern dieser *3. Klasse* wurde einmal – angeregt durch eine Radiosendung – als *Thema „Liebe"* gewünscht. Die Texte wurden „anonym" geschrieben und zum Lesen in der klasseneigenen Lesemappe ausgelegt.

Meine Frau soll nett sein. Schön und gut mit meinen Kindern umgehen.

Es war mal ein Junge, der ging im Park spazieren. Er ging an ein paar Büschen vorbei und da sah er ein Mädchen. Das fand er ganz nett. Da ging er neben dem Mädchen her und fragte: „Wie heißt du?" Da sagte das Mädchen: „Ich heiße Katarina. Und wie heißt du?" „Max." Und das Mädchen und der Junge haben sich verliebt.

Meine erste Liebe
Es gibt da ein Mädchen. Dieses Mädchen heißt: „Anne". In Anne ist ein Junge verliebt. Dieser Junge guckte jeden Tag Anne in der Schule an. Einmal hat der Junge Anne in der Pause geholfen. Anne fand das aber doof und darum hat Anne den Jungen immer getreten.

Meine erste Liebe
Als ich fünf war und noch im Kindergarten war, war ein Junge da, der hieß Alex. Er war auch fünf. In ihn war ich verknallt. Er wußte, daß ich ihn liebe. Und einmal saßen wir nebeneinander und haben ein Bild gemalt. Als die fünfte Stunde zu Ende war, hat meine Mutter mich geholt und ich habe gesagt: „Geh schon mal vor!" Dann habe ich einen Zettel in Alex Hosentasche gesteckt. Am anderen Morgen sah ich Alex mit einem anderen Jungen streiten. Ich mischte mich ein und dann schlug mich Alex. Und seitdem war Schluß.

Liebe
Ich liebe eine sie. Sie ist sehr nett. Sie heißt: Lina. Ich war schon mal bei ihr. Aber das war reiner Zufall. Ich traue mich nicht, ihr es zu sagen. Ich liebe sie seit dem 2. Schuljahr. Immer wenn ich dran denke, kriege ich Kribbeln im Bauch. Ich würde gern noch mal zu ihr gehen.

Die Liebe
Als mein kleiner Cousin geboren wurde, durfte ich Kevin auf den Arm nehmen. Und Kevin war glücklich. Und meine Tante Claudia wollte ihn auch haben. Und er sah ganz, ganz süß aus.

Beim *Schmökern* in der Textmappe ergaben sich sehr offene, *intensive Gespräche.* Die Atmosphäre in dieser Klasse zeichnete sich durch ein hohes Maß an *Akzeptanz* aus; nicht nur, was die o. a. sehr persönlichen Inhalte anging, sondern auch im Hinblick auf die Gestaltung von Texten.
Interessant ist in diesem Zusammenhang der Text „Meine erste Liebe“: „In Anne ist ein Junge verliebt ...“. Der Schreiber schreibt von sich selbst in der dritten Person. Vielleicht ist dies für ihn der Weg seine Verlegenheit zu überwinden, Distanz zu schaffen.
Dasselbe Kind, das hier eine sehr persönliche Äußerung macht, schrieb bei anderer Gelegenheit einen vollkommen anders gearteten Text.
Das Spektrum möglicher Themen wie auch Inhalte ist riesengroß, wenn man den Kindern die nötigen Freiräume gewährt. So hat es sich in vielen unterschiedlichen Klassen gezeigt, dass der Ausspruch „Ich weiß nicht, was ich schreiben soll“ bei dieser Art der Arbeit nicht mehr zu hören ist.

Beispiele aus Klasse 4

Abschließend einige Text-Beispiele aus einer *4. Klasse; Themenstichwort: „Baum“*. Es entstanden sehr unterschiedliche Texte, u. a. auch appellative. Hier eine kleine Auswahl (lediglich rechtschriftlich korrigiert):

Teekesselchen
– Krone von einem Baum. Krone von einem König. –
Das Teekesselchen kommt oft im Märchen vor, aber es gibt es auch in Wirklichkeit.
Könige, Kaiser, Prinzen oder so was ähnliches tragen es auch.
Mein Teekesselchen hat Wurzeln, Blätter, Blüten, Äste und einen Stamm. (Mareike)

Beschreibung der Blätter
In den Blättern befindet sich CHLOROPHYLL. Damit stellt der Baum Sauerstoff her.
Sauerstoff ist für den Menschen lebensnotwendig. Wenn der Mensch die Bäume fällt, rottet er sich selbst aus. (Christoph)

Baum
Ich habe vier Bäume und einen mag ich am liebsten. Der Baum ist groß und dick, aber ich mag ihn, weil: Der ist mein Lieblingsbaum. Immer, wenn Regen ist, sitze ich auf dem Baum unter den Blättern. (David)

Es war einmal ein Baum, der war sehr schön. Er wurde von allen Leuten gemocht, besonders von den Kindern, weil sie daran so gut klettern konnten. Eines Tages sollte der Baum abgesägt werden, aber die Leute standen so dicht um den

Baum, daß die Männer ihn nicht absägen konnten. Dann fuhren die Männer zu ihrem Chef. Und erzählten ihm alles und der Chef sagte: „Dann lassen wir den Baum stehen." (Lukas)

Die Kokosnuß
Die Kokosnuß kommt aus dem Süden. Aus Afrika und aus dem Südseeraum. Die Schale ist sehr hart. Dann kommt das Fleisch. Es ist weiß. Ganz innen kommt die Kokosmilch. Aus einer Kokosnuß kann man Bounty machen. (Andrea)

Rund um den Baum
Die Laubbäume geben uns Sauerstoff. Sie bieten uns viele Gelegenheiten, sich nützlich zu machen, z. B. wie: Möbel, Besen, Brennholz, Papier, Pappe, Baumwolle, Gummi, Weihrauch, Bambusrohre usw.
Es gibt viele Lebewesen, die in Bäumen Schutz finden. Einige davon sind: Vögel, Insekten, Eichhörnchen und noch andere Tiere.
Es gibt viele verschiedene Laubbäume, unter anderem sind das: Eiche, Buche, Kastanie, Ahorn, Birke und Espe. Es gibt nicht so viele Nadelbäume wie Laubbäume. (Marita)

Der Baum
Der Baum braucht Regen. Der Baum braucht Erde.
Der Baum hat Wurzeln. Der Baum hat Blätter. Der Baum hat Früchte. (Titus)

Der Apfelbaum
Ein Apfelbaum ist ein wunderschöner Traum.
Unser Apfelbaum steht hinter einem spitzen roten Zaun.
Der Apfelbaum hat eine Krone aus grünem Schaum.
Der Stamm ist braun. Du darfst ihn nicht umhaun.
(Alexander)

Das *Textsorten-Spektrum* ist groß: vom Teekesselchen-Rätsel über den Aufruf die Bäume leben zu lassen zum modernen Märchen mit ähnlichem Inhalt, von der persönlichen Äußerung zum Lieblingsbaum bis hin zum Gedicht vom Apfelbaum. Nicht zu vergessen die zahlreichen Sachtexte. Vorhandenes Wissen wird aktiviert: Rund um den Baum; Die Blüte; Vögel; Das Einhörnchen; Der Baum und seine Tiere; Bäume – Laub- und Nadelbäume. Manchmal wirken sich auch Konsumgewohnheiten aus bzw. die Werbung: Die Kokosnuss ... Bounty!
Gerade diese vielseitige Textproduktion stieß auf großes Interesse bei den Kindern. Alle wollten alle Texte kennenlernen und ihren Kommentar dazu abgeben bzw. Rückfragen stellen („Woher weißt du das?"). Auf diese Weise wurden sozusagen „nebenbei" Unterschiede/Merkmale von Textsorten thematisiert.

6.2.1.2 Schreiben zum thematischen Stichwort in Verbindung mit einer Textrezeption

Als ich es zum ersten Mal ausprobiert habe, hatte ich lediglich eine kleine – schriftliche – Einstimmung auf eine geplante Gedichtpräsentation beabsichtigt. Ich forderte die Kinder auf zu dem Stichwort, das ich an die Tafel schreiben würde, etwas zu schreiben, keine Nachfragen zu stellen, sondern nach Anschreiben des Themas das aufzuschreiben, was ihnen zu diesem Thema in den Sinn käme. Die Schreibzeit war sehr kurz – etwa 10 Minuten – und führte von daher auch zu kurzen Texten.

Unterrichtsbeispiel „Herbst“

Unser Thema hieß „Herbst“, da ich die Behandlung eines Herbstgedichtes geplant hatte. Zu meinem großen Erstaunen schrieben tatsächlich alle Kinder sofort los. Weitere – seltene – Nachfragen wurden mit dem Hinweis auf das angeschriebene Thema und die Aufgabenstellung „Schreiben“ abgelehnt.
Es entstanden in dieser kurzen Zeit sehr persönliche Texte – die eigene Beziehung zu dieser Jahreszeit –, eine Art Stimmungsbilder, Sachtexte wie auch Erlebniserzählungen, die einen Zusammenhang mit dem Herbst hatten.
Bei der Präsentation des Herbstgedichtes fiel dann sofort auf, dass einige der eigenen Texte einen vollkommen anderen Eindruck entstehen ließen, dass sie z. B. aus einem Sachbuch hätten stammen können. Die Erkenntnis, dass lyrische Texte Besonderheiten aufweisen, war durch die unterschiedlichen selbst produzierten Textsorten bestens vorbereitet worden.

Schreibanlässe zu Jahreszeiten

Eine Variante zu dem o. a. Schreibanlass stellte die Aufgabe dar das Stichwort „Sommer“ mit den Sinneswahrnehmungen „Sehen, Hören, Riechen, Schmecken, Fühlen“ in Verbindung zu bringen und hierzu zu schreiben. Es müssen hierbei nicht alle Sinneswahrnehmungen verarbeitet werden; es darf auch eine Auswahl getroffen werden, je nachdem, wozu einem etwas einfällt.

Tafel: Sehen
Hören
Riechen Sommer
Schmecken
Fühlen

Dieser Schreibanlass stand in einem Zusammenhang mit der geplanten Bearbeitung bzw. Präsentation des Gedichts „Sommer“ von Ilse Kleeberger.

Sommer

Weißt du, wie der Sommer riecht?
Nach Birnen und nach Nelken,
nach Äpfeln und Vergissmeinnicht,
die in der Sonne welken,
nach heißem Sand und kühlem See
und nassen Badehosen,
nach Wasserball und Sonnenkrem,
nach Straßenstaub und Rosen.

Weißt du, wie der Sommer schmeckt?
Nach gelben Aprikosen,
nach Waldbeeren, halb versteckt
zwischen Gras und Moosen,
nach Himbeereis, Vanilleeis
und Eis aus Schokolade,
nach Sauerklee vom Wiesenrand
und Brauselimonade.

Weißt du, wie der Sommer klingt?
Nach einer Flötenweise,
die durch die Mittagsstille dringt,
ein Vogel zwitschert leise,
dumpf fällt ein Apfel in das Gras,
ein Wind rauscht in den Bäumen,
ein Kind lacht hell, dann schweigt es schnell
und möchte lieber träumen.

Ilse Kleeberger

Nachdem die Kinder – wie auch beim Thema „Herbst" – festgestellt hatten, dass einige von ihren Texten in ein Lexikon passen würden – sog. Sachtexte –, andere eigene Erfahrungen, Meinungen, Anknüpfungen, Eindrücke, Stimmungen, Erlebnisse zum Thema hatten, stellten sie einen Vergleich zwischen ihren Texten und dem der Autorin an. Gemeinsames wurde gefunden, Unterschiede wurden festgestellt.

Auch das Gedicht „Frühling" von Christine Nöstlinger eignet sich für diese Zugangsweise.

Gedicht:

Frühling

Eines Morgens
ist der Frühling da.
Die Mutter sagt,
sie riecht ihn in der Luft.

Pit sieht den Frühling.
An den Sträuchern im Garten
sind hellgrüne Tupfen.

Anja hört den Frühling.
Neben ihr, auf dem Dach,
singen die Vögel.

Unten vor dem Haus
steigt der Vater in das Auto.
Er fühlt den Frühling.
Die Sonne scheint warm
auf sein Gesicht.

Aber schmecken
kann man den Frühling
noch nicht.
Bis die Erdbeeren reif sind,
dauert es noch lange.

Christine Nöstlinger

Bei der Erprobung in zwei verschiedenen dritten Klassen entstanden u. a. die folgenden Texte, die m. E. für sich sprechen!

Texte der Klasse 3a:

Frühling
Im Frühling hören wir die Vögel zwitschern und riechen den Duft der Blumen. Wir fühlen den Wind, der die Blätter vom Herbst wegweht. Wir sehen, daß Blätter wieder an die Bäume kommen und schmecken die schöne Sonne. (Thomas)

Ich sehe im Frühling schöne Blumen. Ich höre im Frühling schöne Vögel singen. Mir schmeckt im Frühling das Essen gut. Ich rieche im Frühling gerne die Frühlingsluft. Ich fühle, wenn der Frühling kommt. (Jacqueline)

Der Frühling
Morgens, wenn ich aufstehe, höre ich viele VÖGEL. Z. B. eine MEISE, ROTKEHLCHEN, FINK, AMSEL und viele mehr. Wenn die Sonne scheint, gehen wir (meine Brüder, Mama, Papa und ich) in den Garten. Ich sehe viele Blumen im Garten. Und rieche dran, das duftet. Die Erdbeeren schmecken gut. „So", sagt mein Vater: „Jetzt essen wir Eis!" Die Sonne kann man richtig fühlen auf dem RÜCKEN. (Vanessa)

Der Frühling
Ich sehe den Frühling, wenn ich geh und wenn ich steh.
Ich kann ihn hören, wenn die Vögel zwitschern.
Ich kann ihn riechen, wenn ich an einer Blume rieche.
Ich kann ihn fühlen, wenn ich die Wärme in meinen Händen spüre.
Ich kann ihn schmecken, wenn das Eis auf meinem Löffel schmilzt.
Ich freu mich auf den Frühling, weil dann die Vögel zwitschern und die Sonne strahlt. (Carolin)

Texte der Klasse 3c:

Der Frühling
Im Frühling sehe ich Blumen, die sind bunt wie der Regenbogen.
Ich tu sogar was im Frühling schmecken, nämlich Eis.
Im Frühling fühle ich, daß ich Sommersachen anziehen darf.
Hören tu ich auch, nämlich Geschrei.
Und ich bin so oft draußen, daß meine Mutter sagt: „Kann ich dich auch noch mal sehen." (Denise)

Der Frühling
Am 21. März, wenn ich morgens aufstehe, sehe ich den Frühling, wenn ich aus dem Fenster gucke. Ich erkenne ihn an den vielen Schneeglöckchen und an den vielen Krokussen, die im Garten aufkommen. Und ich höre ihn an den vielen Vögeln, die dann so schön zwitschern. Wenn die Erdbeeren da sind, schmecke ich, ob sie reif sind. Ich fühle den Frühling an der warmen Luft, die übers Land kommt.
Der Frühling ist da. (Christiane)

Bernd geht in den Garten und riecht den Duft der Blumen. Und er hört die Bienen summen, er sieht die Schmetterlinge, wie sie flattern. Er fühlt, wie der Frühling kommt. (Max)

Dieses Vorgehen hatte nicht zum Ziel, Texte in irgendeiner Hinsicht zu bewerten, vor allen Dingen nicht irgendeinen der Kindertexte abzuwerten. Die *unterschiedliche Sichtweise eines Themas* sollte deutlich werden, ebenso die individuelle Prägung jeder diesbezüglichen Äußerung. Und damit natürlich auch die spezielle Sichtweise der Autorin und ihre besondere sprachliche Leistung (I. Kleeberger:

„Weißt du, wie der Sommer klingt? Nach einer Flötenweise …") bei der Gestaltung des jeweiligen Gedichts.
Ein weiteres Beispiel wurde im Zusammenhang mit dem folgenden Gedicht von Jutta Richter gefunden. Die Schreibaufgabe hieß: Verbinde die Jahreszeiten mit dem Thema „Wolken". Denkbar wäre auch der Schreibanlass „Wolken" (Schreiben zum spontanen Stichwort) gewesen.

Frühling
Sommer Wolken
Herbst
Winter

Im watteweichen Wolkenhaus

Im watteweichen Wolkenhaus
wohnen tausend Wolken.
Die denken sich den Regen aus
mit Blitzen und mit Sturmgebraus.
Im watteweichen Wolkenhaus
wohnen tausend Wolken.

Die Frühlingswolken sehen aus
wie Segelschiffe auf dem Meer.
Der Himmel ist ganz blankgeputzt,
als ob er frisch gewaschen wär'.

Die schwarze Wolke Gurugu,
die sieht man nur im Sommer.
Sie kommt und deckt die Sonne zu.
Ganz leise rollt der Donner.

Das große Wolkenfest im Herbst
macht allen Wolken Spaß.
Sie fahren Karussell im Sturm
und regnen jeden nass.

Im Winter ist der Himmel grau.
Da fassen sich die Wolken an.
Sie schieben sich vors Himmelblau,
damit es endlich schneien kann.

Im watteweichen Wolkenhaus
wohnen tausend Wolken.
Die denken sich den Regen aus
mit Blitzen und mit Sturmgebraus.
Im watteweichen Wolkenhaus
wohnen tausend Wolken.

Jutta Richter

Als Beispiel ein Text aus einer dritten Klasse:

Ein schönes Jahr
An einem schönen Morgen in Blessem wachte Anne auf und sah aus dem Fenster. Da sagte sie: „Oh, das sieht schön aus. Die Blumen blühen so schön und das Wetter ist so schön wie nie." Und sogar die Wolken sind ganz weiß.
Sie zog sich an und lief zum Frühstückstisch. Es waren Osterferien und heute war Ostern. Sie fing an zu suchen und fand ein Körbchen voller schöner Sachen und Süßigkeiten. Nach dem Frühstück ging sie hinaus spielen. Bis zum Abend. Dies machte sie nun jeden Tag so.
Nun fing die Schule wieder an. Es wurde immer wärmer. Anne ging fast jeden Tag schwimmen. Es war der letzte Tag vor den Ferien. Nach der Schule rief Anne: „Jetzt sind endlich Ferien."

Jetzt waren die Ferien zu Ende. Anne spürte, wie es langsam Herbst wurde. Es wurde immer kälter. Die Wolken wurden grau.
Jetzt kam der Winter und Anne sagte: „Ich freue mich schon wieder auf den Sommer.“ (Anne)
(Original-Zeichensetzung)

Schreiben als Vorbereitung einer Textrezeption

Natürlich ist das Verfahren vorab einen eigenen Text zum Autorinnen bzw. Autoren-Thema zu schreiben, nicht nur im Zusammenhang mit der Bearbeitung lyrischer Texte sinnvoll. Aus dem Vergleich der vielen eigenen Klassen-Texte mit dem vorgelegten Text ergeben sich schnell Anknüpfungspunkte für ein Gespräch. Dieser Schreibanlass sollte jedoch nicht überstrapaziert werden, sondern entsprechend den Bedürfnissen der Kinder situativ eingesetzt werden.

6.2.1.3. Schreiben zum thematischen Stichwort: situativ

Ein weiteres Beispiel dafür, dass das gewählte „Stichwort-Thema“ im Zusammenhang mit einer Textrezeption gefunden werden kann, ist das folgende Gedicht. Die Aufgabenstellung für die Textrezeption bestand darin aus den vorhandenen Informationen des Textes das fehlende Wort zu ermitteln und damit den Text zu ergänzen, zu vervollständigen (s. Methode „Textergänzung“ in: Altenburg 1991).
Gedicht:

Beobachtung

Zarte, feine
klitzekleine
Spuren findest du im Schnee?
Zarte, feine
klitzekleine
Spuren – die sind nicht vom Reh!

Diese krickel
krackel Grüße
schrieb ein andrer Gast hierher:
Zickel zackel
… … … … … … … –
schau: Dort sind schon keine mehr.

Denn nur eben
fast im Schweben
hüpfte, pickte er im Lauf –
und
mit einem Sprunge,
Schwunge
flog er zu den Wolken auf.

Max Kruse

Die Kinder fanden die Lösung – Vogelfüße – ohne große Schwierigkeiten, da sie den notwendigen Reim für „Grüße" suchten und das Ausprobieren unterschiedlicher Vogelnamen nicht zum zufriedenstellenden Ergebnis führte. Die Hinweise auf Spuren eines kleinen Tieres, das hüpfen, picken, fliegen kann, finden sich im Text und führten schnell zu der Erkenntnis, dass ein Vogel gemeint sein muss.
Im anschließenden Gespräch über Spuren wollten alle Kinder einen Beitrag leisten und erzählten, dass es nicht nur im Schnee Spuren gäbe etc. Dies nahm ich zum Anlass, alle Kinder dieser *4. Klasse* das aufschreiben zu lassen, was sie zum *Thema „Spuren"* mitteilen wollten.

Das Ergebnis war vielseitig und überzeugend, wie die folgenden Beispiele illustrieren mögen:

Spuren aller Art
Spuren entstehen durch Abdrücke aller Art bei weichem oder nassem Boden. Bei Schnee zum Beispiel kann man sehen, ob die Spuren alt oder neu sind. Wenn die Spuren blaß und kaum noch da sind, bedeutet das, daß es nach dem Spurenendstand neu geschneit hat. Wenn es geregnet hat, wird Erde *(zu)* Schlamm und Sand weich und wenn man dann drauf tritt, entstehen Spuren. (Philipp)

Spuren
Spuren findet man im Schnee, im Sand, im Schlamm und in Steinen. Im Schnee findet man Vogel, Wildschwein und Rehspuren und viele mehr. Im Sand am Strand findet man von verschiedenen Schuhen Spuren und von Füßen. In Steinen findet man in den Bergen Gerippe und andere Sachen. Im Schlamm findet man Vogel- und Menschenspuren. (Alexander)

Wenn sich jemand verletzt, kommt meistens Blut aus der Wunde. Tropft etwas davon auf den Boden, so hinterläßt es Spuren. (Johannes)

Die Spur
Ich war mit meinem Vater im Wald, da habe ich eine seltsame Spur im Schnee entdeckt. Es sah aus wie ein Schnurabdruck. Ich ging hin und sah es mir an. Da entdeckte ich, daß es eine Spur von einer Blindschleiche war. (Jens)

Der Wolf und das Kind
Es war einmal ein Kind, das hatte Wolfsspuren gesehen. Es ging den Spuren nach bis in den Wald und dann sah es den Wolf und der Wolf hat es gefressen. Dann war der Wolf satt. (Thomas)

Spuren
Vögel, Mäuse, Katzen, Hunde, Hasen,
sehe ich oft auf unserem Rasen.
Und wenn ich dann im Winter schau,
dann hör ich kurz: Miau, Wauwau.

Im Garten sehe ich dann fein
ganz viele, viele Spuren – nein,
sie wollen mir was sagen,
was, das muß man erraten.
(Jessica)

Da es sich um *kurze Texte* handelte, konnten alle Kinder ihre Produkte vorlesen. Sie stellten dabei fest, dass verschiedene Etikettierungen wie „Sachtext“, „eigenes Erlebnis“, „erfundenes Erlebnis“, „Märchen“ möglich waren – wobei es sich bei dem Vorliegenden wohl eher um ein „Antimärchen“ handelt. In der wirklich knapp bemessenen Schreibzeit wurde auch das o. a. Gedicht verfasst.
Eine Erfahrung, die oft bestätigt wurde: Lässt man Kindern *Freiräume durch offene Aufgabenstellungen*, dann zeigen sie erstaunliche Leistungen. Was sich hier ebenfalls bestätigte, war die Erkenntnis, dass Kinder individuelle Vorlieben für das Schreiben bestimmter Textsorten haben.
Es liegt die Vermutung nahe, dass Jungen generell eher oder häufiger Sachtexte verfassen als Mädchen, zumal sie im Allgemeinen auch mehr Sachtexte lesen, wenn sie die Wahl haben. Durch die vielseitigen Ergebnisse bei einer freien Wahl der Textsorte könnten vielleicht auch Mädchen angeregt werden häufiger Sachtexte zu verfassen und damit ihr Repertoire zu erweitern. (Ich denke, dass die Beschäftigung mit Sachtexten in unseren Grundschulen häufig zu kurz kommt und stärker ins Blickfeld gerückt werden müsste.)

Schreiben ist etwas Persönliches

Bedeutsamer erscheint mir jedoch der Aspekt, welche persönlichen Anbindungen, Einfälle mit dem jeweiligen Thema verbunden werden bzw. mit der aktuellen Situation. Hiervon wird nach meinem bisherigen Eindruck die Wahl der Textsorte weitgehend bestimmt (Dies wie auch andere Aspekte der Textsortenwahl könnten noch untersucht werden). Im Rahmen dieses Schreibanlasses wurden überwiegend Sachtexte geschrieben, u. a. vermutlich deshalb, weil wir dabei waren in eine sachbezogene Diskussion darüber einzusteigen, wo es überall Spuren gibt.
Interessant sind im Text von Philipp das Bemühen um Systematisierung („Abdrücke aller Art“) sowie seine individuelle Sprachschöpfung „Spurenendstand“. Bei Alexander wird das Bemühen um Systematisierung in der parallelen Konstruk-

tion deutlich: Im Schnee … Im Sand … In Steinen … Im Schlamm … Beide Jungen verarbeiten bzw. nutzen hier offensichtlich ihre Erfahrungen mit der Textsorte „Sachtext“. Johannes hat den absolut kürzesten Text geschrieben, der jedoch ebenfalls korrekt ist. Bei der „Spur“ von der Blindschleiche (Jens) fiel auf, dass diese Geschichte sachlich nicht stimmen kann, also frei erfunden ist und eigentlich „so nicht geht“. Ob Jessica am Ende ihres Gedichts mit Absicht den Reim durchbrochen hat – "erraten“ – oder ob ihr ein passendes Reimwort wie „sie fragen“ oder „erfragen“ nicht eingefallen ist, konnte nicht mehr geklärt werden.

Pausengeschichten

Momente, Anlässe für *situatives Schreiben* ergeben sich häufig im Unterricht, wenn viele bzw. alle Kinder zu einem Thema etwas zu sagen haben. Der „Montags-Kreis“ bzw. der Erzählkreis generell bietet hierfür ebenfalls zahlreiche Möglichkeiten. Eine beispielhafte Gelegenheit war die aufgebrachte Stimmung nach einer Pause. Wie so oft wollten viele Kinder etwas erzählen bzw. sich beschweren. Der Vorschlag dies doch aufzuschreiben, führte u. a. zu folgenden Texten, die rechtschriftlich korrigiert und gedruckt in einem einfach gehefteten „Buch“ mit dem Titel „In der Pause“ veröffentlicht wurden:

Wie es auf dem Schulhof zugeht

Ein Junge holt einen Ball mit in die Schule. Er spielt in der Pause mit den anderen Kindern. Da kommt ein Junge und schießt den Ball weg. Da war der Ball weg, und er hat ihn auf der Wiese wiedergefunden. Eigentlich müßte der den Ball holen. Sie haben weitergespielt. (von Stephan)

Ich und meine Freundinnen

Hallo, ich heiße Sarah und bin acht Jahre alt. Wir springen gerade mit unserem Klassenseil, da stören uns andere beim Seilspringen. Die halten das Seil fest. Das finde ich gemein und wenn sie uns mal in Ruhe lassen würden, das wäre gut. Gott sei Dank stören sie uns nicht beim Kreidemalen. Ich wünsche mir, daß wir mal Seilhüpfen können, ohne daß andere uns stören. (von Sarah)

In der Pause

In der Pause springe ich manchmal Seil. Wenn wir am Schwingen sind, kommen immer Jungen aus dem Zweiten und halten das Seil fest. Aber wir wollen weitermachen. Alle dürfen mitmachen. Manche wollen nur schwingen. Wir lassen sie auch. Manche wollen auch nicht schwingen, sondern nur springen. (von Simone)

Schulgeschichte

Mir gefällt, daß ich und meine Freunde Fußball spielen können. Sebastian kann 30 Meter hoch schießen. Das vierte Schuljahr kann auch sehr viele Tore schießen. Die anderen Kinder schießen über die Wiese, ohne daß der Ball einmal auftitscht. Ich nehme manchmal den anderen den Ball weg. (von Ferry)

Schreiben statt Erzählen

Der „kommunikative Nutzen“ von Geschriebenem wird hierbei augenfällig: Alle können sich äußern, allen wird – wenn auch zu einem späteren Zeitpunkt – Gehör geschenkt. Auf Geschriebenes kann man zurückgreifen, d. h. der Zeitpunkt hierfür ist beliebig wählbar. Damit ist ein schriftlicher Text „verbindlicher“: Man kann ihn mehrmals lesen, auf Einzelheiten zurückkommen, sie zum Gesprächsthema machen. Im Vergleich dazu kann man das gesprochene Wort bekanntermaßen nicht „zurückholen“, es ist nur zeitlich begrenzt präsent.

Schreibaufgaben ohne Aufwand

Zusammenfassend können wir festhalten: Das Schreiben zu einem Stichwort erfordert keinerlei Vorarbeit bzw. Aufwand. Ist das Thema passend gewählt und weit genug gefasst, ist für alle Kinder die Möglichkeit gegeben einen eigenen Text schreiben zu können. „Kleine“, wenig zeitaufwendige Schreib-Anlässe bzw. -Gelegenheiten bieten die Chance häufigen Übens entsprechend dem Motto *„Schreiben lernt man nur durch Schreiben“.*

6.2.2 Themenkonferenz: Gemeinsam Ideen sammeln beim Clustering

Clustering als Verfahren des strukturierten Ideensammelns

Ähnlich wie beim Schreiben zu einem Stichwort geht es auch beim Clustering in Gruppen darum, dass jedes Kind sein individuelles Thema findet. Im Gegensatz zum Schreiben nach Bekanntgabe oder Wahl des Themas erfolgt hier jedoch eine Art Vorbereitungsphase, eine Phase des gemeinschaftlichen Sammelns, des gegenseitigen Anregens im Hinblick auf eine mögliche Themenwahl.
Das Clustering stellt ursprünglich ein individuelles Verfahren für eine strukturierte Stoff- bzw. Ideensammlung dar (Cluster: Haufen; des Weiteren s. Rico 1984). Aus der Kreativ-Schreibbewegung kommt die Idee das Clustering in Gruppen zu praktizieren.

Ablauf

Wir brauchen dazu große Papierbögen oder Plakatpappen (z. B. Flipchartbögen) und dick bzw. kräftig schreibende Stifte. Jede Gruppe bekommt einen Bogen und einen oder mehrere Stifte. Die Kinder stehen und gehen um den Tisch mit dem Plakatpapier herum. In die Mitte wird das Thema – das Rahmenthema – geschrieben und nun beginnt der – absolut stumme – Ablauf: Wem etwas zum Thema einfällt, schreibt dies hin, kreist ein und verbindet mit einer Linie beide Bezugspunkte. Jetzt kommt das nächste Kind dran, schreibt seinen Einfall an eine passende Stelle – entweder neu als Bezug zum Grundthema oder in die Nähe der Äußerung, zu der ein Gedanke gehört –, kreist ein und verbindet. Jetzt findet eine Art *„stummes Gespräch“* statt, gekennzeichnet durch Stehen, Gehen, Lesen, Nachdenken, Schreiben und es entsteht ein verzweigtes Gebilde von in der Gruppe vorhandenen Ein-

fällen/Assoziationen/Anmutungen etc. Der zeitliche Rahmen liegt erfahrungsgemäß zwischen 10 und 30 Minuten.
Ich möchte noch einmal unterstreichen, wie wichtig es ist, dass nicht gesessen, sondern um den Arbeitstisch herumgegangen wird!! (Sonst „pusseln" einzelne an einem bestimmten Eckchen und der Effekt der vielen Einfälle geht verloren!) Ähnlich bedeutsam ist die Arbeit in kleinen Gruppen von 5–6 Kindern! Ein an der Tafel durchgeführtes Clustering geht an den intendierten Effekten absolut vorbei!

Keine Eingriffe

Wichtig ist, dass keinerlei Reglementierung oder Wertung erfolgt. Daher sollten auch alle verbalen oder nonverbalen Kommentare unterbleiben. Um parallele Einfälle bzw. Schreibungen zu vermeiden, sollte am Anfang nacheinander geschrieben bzw. bei Gleichzeitigkeit darauf geachtet werden, dass alle Äußerungen der Gruppenmitglieder zur Kenntnis genommen werden. Unnötig zu betonen, dass auch die Rechtschreibung unerheblich ist, da es sich lediglich um ein Arbeitspapier handelt.

Einsatzmöglichkeiten

Da eine gewisse Übung im Schreiben bzw. Schreibgeschwindigkeit notwendige Voraussetzung für das Verfahren ist, kann das Clustering meist erst gegen Ende des zweiten Schuljahres eingesetzt werden. In den *Klassen 3 und 4* kann es dann zum festen Bestand möglicher Themenfindungsrituale werden. Erfahrungsgemäß haben die Kinder hierbei großen Spaß und sind mit Eifer bei der Sache.

Ein eigenes Thema finden

Abweichend von der ursprünglich mit dem Clustern verbundenen Idee bestimmte gedankliche Verbindungen bzw. Gedankenstränge als Vorstrukturierung für den zu schreibenden Text zu nutzen, dient das Clustering in unserem Zusammenhang lediglich dazu eine breitere *Themenpalette* zur Verfügung zu stellen (s. Altenburg 1993). Als mögliche Rahmenthemen kommen alle breit angelegten Themen-Stichworte in Betracht.

Arbeitsgleiche oder arbeitsteilige Gruppenarbeit

Ist das Clustering einmal eingeführt, können auch in arbeitsteiliger Gruppenarbeit unterschiedliche Rahmenthemen bearbeitet werden. Es ist jedoch in jedem Falle sinnvoll, dass die Kinder einer Gruppe an einem Plakat arbeiten und nicht von Gruppe zu Gruppe wechseln, da hierdurch der gedankliche bzw. schriftliche Austausch unterbrochen wird.
Nach Abschluss der Gruppenarbeit sieht sich jedes Kind das eigene oder auch alle anderen Cluster an, um an irgendeinem Punkt *zu einer eigenen Schreibidee angeregt zu werden.* Wie stets bei der Arbeit mit offenen Schreibanlässen ist die Wahl der Textsorte freigestellt.

Jedes Kind findet sein Thema

Genauso frei und willkürlich ist die Wahl eines Schreibthemas, das mit dem Ursprungs-Rahmenthema nichts mehr zu tun haben muss. Es geht uns, wie auch bei den einfacheren Verfahren des Schreibens zu einem thematischen Stichwort, ausschließlich darum für das einzelne Kind eine Möglichkeit zu schaffen zu einem eigenen Text zu kommen. Beim Clustering kann dies durch die Fülle der Anregungen erleichtert werden.

Cluster zum Thema „Wasser“

Beim Vergleich der folgenden Cluster einer 3. Klasse fällt auf, dass die gedanklichen Anbindungen recht unterschiedlich waren, manchmal auch sachlich nicht ganz stimmig (Meer – Salzwasser – Teich?). Dies ist allerdings unerheblich, da während und direkt nach dem Clustering nicht regulierend eingegriffen werden sollte! Bestimmte Aspekte werden überall genannt (Pflanzen, Tiere etc.), vielleicht aufgrund ähnlicher Erfahrungen der Kinder.

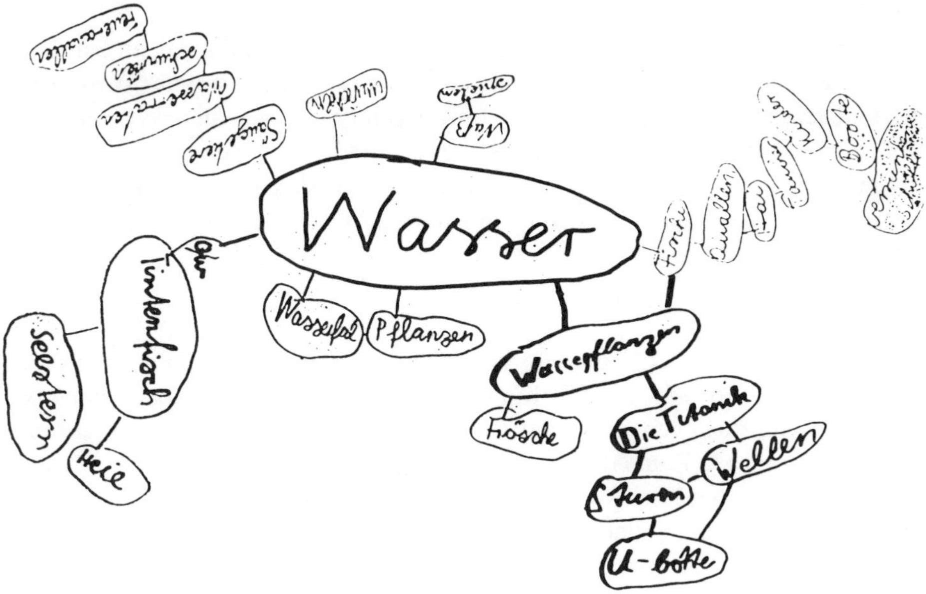
Wasser
Wasserfall
Pflanzen
Wasserpflanzen
Frösche
Die Titanik
Wellen
Sturm
U-Botte
Tintenfisch
Seestern
Haie
Säugetiere

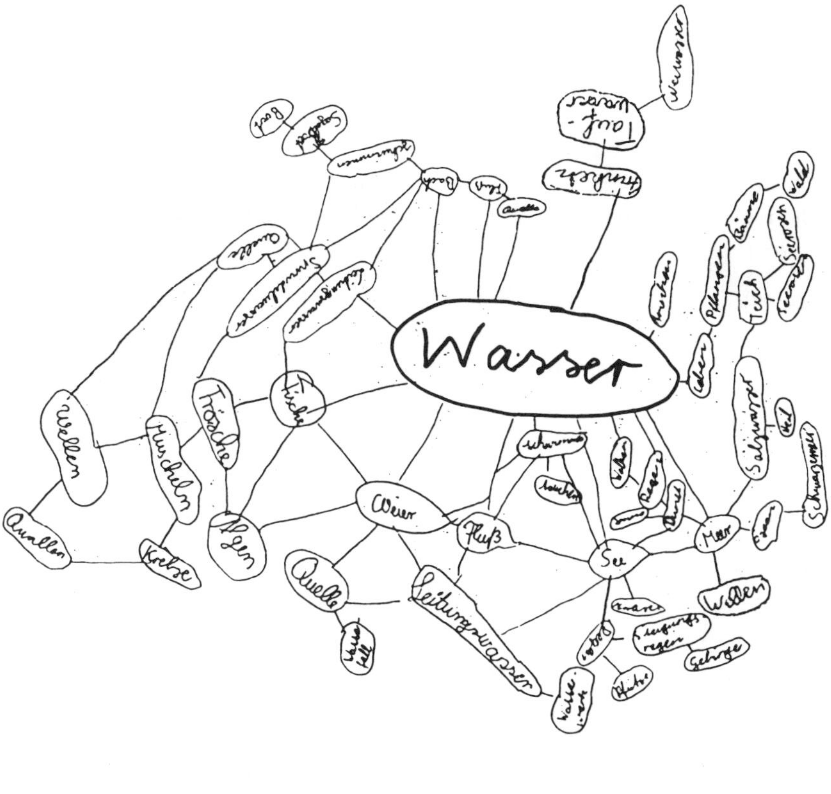
Wasser
Fische
Frösche
Weiher
Fluß
See
Meer
Wellen
Quelle
Leitungswasser
Algen
Muscheln
Krebse
Quallen
Salzwasser
Teich

Vielseitige Texte

Die entstandenen Texte waren vielseitig und umfassten, wie auch beim Schreiben zu thematischen Stichworten, Sachtexte (vor allem zum Kreislauf des Wassers von der Quelle zum Meer etc.), eigene Erlebnisse, vorzugsweise beim Schwimmen bzw. in den Ferien (Muscheln finden etc.) sowie Phantasiegeschichten (fünf Fische, die Freunde wurden und Abenteuer erlebten; ein Traum von einem Hai und einer hilfreichen Qualle). Gedichte wurden beim Thema „Wasser" in dieser Klasse nicht geschrieben.

Thema „Ernährung"

Im Rahmen einer fächerübergreifenden Unterrichtseinheit zum Thema „Ernährung" wurden in einer 2. Klasse die Lieblingsgerichte gemalt, wurde ein gesundes Schulfrühstück zubereitet sowie Wissenswertes von einer Ernährungsberaterin vermittelt. Zum Abschluss erfolgte ein Clustering zum Thema „Mahlzeiten" mit anschließender Textproduktion. Es wurden u. a. folgende Texte geschrieben: vom Fische-Angeln und -Essen; vom Chips-Kaufen und verschobenen Essen wegen eines Zahnarztbesuches; vom Eis-Essen, Cola-Trinken, Spagetti-Essen; von Currywurst-Anlässen; vom Erdbeer-Pflücken; von Geburtstagstorte und Feiern; vom Lieblingsgericht Pizza; von der Ernährung der Hasen.

Thema „Turm", 3. Klasse

Beim Thema „Turm" in einer 3. Klasse wurden hauptsächlich Märchen von Burgfräuleins und Rittern („Das Turmfräulein und der Turmherr") sowie Gespenstergeschichten geschrieben. Abgesehen davon, dass die Kinder sich oft gegenseitig bei der Themenwahl beeinflussen, schlägt hier sicherlich die Lese- und Fernseherfahrung durch. Trotzdem haben einzelne Kinder ihrer – momentanen? – Neigung gemäß Sachtexte verfasst bzw. sachbezogene Berichte:

Die Glocken sind an der Spitze des Turms. Die Glocken sind groß und schwer. In den Glocken ist eine kleine Kugel und die gibt Töne heraus. Wenn die Glocken schlagen, hört man das in der ganzen Stadt und das klingt schön. (Ina)

Wetterhahnspitze
Eines Morgens ging die Sonne früh auf. Und der Wind bläst den Wetterhahn hin und her. Und der Wind bläst den Wetterhahn von der Turmspitze. (Tim)

Die Turmuhr
Es war einmal eine Turmuhr, die jede Stunde einmal schlug. Doch eines Tages war sie kaputt. Da kam der Uhrmacher und reparierte sie. (Birte)

Diese Texte mögen auf Anhieb, verglichen mit langen, spannenden Gespenstergeschichten, etwas „dürr" erscheinen. Behalten wir jedoch das generelle Ziel „Text schreiben" im Auge, so haben durch die freie Textsortenwahl auch die Kinder eine Chance erhalten, die keine „blühende" Phantasie oder verarbeitete Medienerfahrungen haben. Ina, Tim und Birte haben jeweils stimmige, kurze Texte verfasst. Sie sind in der Lage, einen Tatbestand schriftlich zu erklären, wobei Ina sich durch eine eigenständige Formulierung zu helfen weiß.

Thema „Frühling"

Beim Thema „Frühling" (Klasse 3) entstanden etliche „Stimmungsbilder", Erzählungen von eigenen Erlebnissen beim Spielen und Schwimmen, von Tieren (vorzugsweise Hund und Katze), aber auch eine Umzugsgeschichte und die Vorliebe einer Familie fürs Äpfel-Essen.

Thema „Schule"

Das Thema „Schule" (3. Klasse) animierte etliche Kinder zu Meinungsäußerungen und Kommentaren, zur Darstellung kleiner Erlebnisse und schulischer Gewohnheiten, zur Beschreibung von Farbkasten und Schulranzen, zur Erinnerung an die Einschulung etc.

Zwei Beispiele mögen dies illustrieren:

Die Tafel
Die Tafel ist total dreckig. Sie muß sauber gemacht werden, aber der Tafeldienst ist krank. Die Tafel bleibt dreckig. Am nächsten Tag ist der Tafeldienst wieder da und macht die Tafel sauber.

Diktate schreiben macht Spaß. Wenn aber sehr oft Diktate geschrieben werden, macht das schlechte Laune und ist doof. Schule ist doof wegen Hausaufgaben. Was ich an der Schule gut finde: Pause, Wochenende, kurzer Unterricht, wenn die Stunden ausfallen, Freiarbeit, Regenpause oder Geschichten schreiben, so wie diese. Ja, das finde ich schön.

Wir können uns dem letztgenannten nur anschließen und hoffen, dass möglichst viele Kinder möglichst lange keine Vorbehalte gegenüber dem Schreiben von Texten entwickeln, dass sie keine Schreibhemmungen aufbauen. Weniger Vorgaben und damit weniger Einschränkungen scheinen mir hierfür nützlich zu sein.

6.2.3 Automatisches Schreiben: eine individuelle Ideensammlung

Das „Automatische Schreiben" findet sich ebenfalls – wie das Clustering in Gruppen – bei Hinweisen zu kreativen Schreibverfahren. Es stellt ein individuelles Brainstorming dar. Zu einem Begriff, zu einem Wort, wird alles stichwortartig aufgeschrieben, was einem einfällt. Nach Möglichkeit soll der Schreibfluss nicht unterbrochen werden.
Zeitdauer: wenige Minuten.
Ähnlich wie beim Clustering sollten die schreibtechnischen Fertigkeiten so weit entwickelt sein, dass einigermaßen zügiges Schreiben möglich wird. Insofern kommt auch dieses Verfahren eher für Klasse 3 und 4 in Betracht.

Ist die Stichwortsammlung zum Rahmenthema erfolgt, so kann ein Punkt als *Schreibanregung* dienen, sozusagen als eigenes *thematisches Stichwort*.
Zumeist wird das automatische Schreiben jedoch so genutzt, dass die drei wichtigsten Wörter unterstrichen werden und in einem eigenen Text Verwendung finden. Dieser Text kann aus einer Ein-Satz-Äußerung bis hin zu einer beliebig langen Geschichte bestehen.
Als Übungsmöglichkeit erscheint mir die *Kurzäußerung* (einen Zusammenhang zwischen drei Begriffen herstellen) auch für Grundschulkinder in jedem Falle als geeignet.

Das Verfahren auf die Kinder abstimmen

Wenn drei sehr unterschiedliche Stichworte in einen Text integriert werden sollen, so haben einige Kinder erfahrungsgemäß damit größere Schwierigkeiten als beim Schreiben zu thematischen Stichworten oder anderen offenen Schreibanlässen. Dies liegt vermutlich daran, dass inhaltliche und formale Verknüpfungsleistungen erbracht werden müssen. Es sind Probleme zu lösen, die sich so bei einer globalen Textidee nicht stellen: Wenn man „seine" Wörter miteinander in Beziehung bringt, so wird zumeist erst in diesem Moment die Geschichte entworfen bzw. Stück für Stück entwickelt.
Es muss also jeweils ausprobiert werden, ob das Verfahren des automatischen Schreibens tatsächlich eine Hilfe für das einzelne Kind darstellt oder nicht. – Erinnern wir uns an die bekannten Reizwortgeschichten, so hätten selbst kreierte „Reizworte" immerhin den Vorteil der persönlichen Anbindung. Werden unverbundene Einzeläußerungen nebeneinandergesetzt, so stellt dies für manche Kinder, die bereits zusammenhängende Äußerungen getan haben, die Texte produziert haben, einen Rückschritt dar. In diesen Fällen ist das Automatische Schreiben eher hinderlich als nützlich.

Im folgenden einige Beispiele für das Finden von Schreibideen durch Automatisches Schreiben:

Thema: „Sonne" (3. Klasse, März)

Himmel – Wolke – warm – Sommer – Frühling – Blumen – Wiese – Bäume – Blätter – Blüten
Sommer – Blumen – Bäume fanden sich wieder in folgendem Text:
Der Sommer
„Sommer ist schön!" ruft Stefan. „Ja!" ruft Peter, „draußen macht es Spaß! Die Bäume grünen, die Blumen blühen. Der Sommer macht Spaß!" (Sebastian)

Mond – Wolken – Sterne – Licht – warm – Himmel – Gewitter – Regen – Schnee
Wolke, Gewitter und Regen führten zu diesem Text:
Die Sonne scheint. Ich und mein Bruder spielen draußen. Da sagt mein Bruder plötzlich: „Da zieht eine schwarze Wolke auf!" und wir gingen rein. Und als wir drinnen waren, geschah es: Es regnete und Blitz und Donner kamen. (Tobias)

Weiß – gelb – Sommer – hell – Himmel – Wolke – Wüste – Sand – Blumen – Wiese – Schmetterling – Frühling
Aus Blumen – Schmetterling – Frühling wurde die Geschichte von der Katze, die versuchte einen Schmetterling zu fangen.
Sonnenschein – Sonnenbrand – Sonnenstich – Sonnenstrahlen – strahlen – verbrannt
Diese Wörter führten zu einer vier Seiten langen Geschichte von einem Sonnenbrand!
Beim Thema „Sonne" gab es keinen einzigen Sachtext. Dies könnte u. a. daran liegen, dass an einem strahlend schönen Märztag geschrieben wurde und aus dieser Situation heraus das Erzählen von Sommererlebnissen und Ähnlichem näherliegend war.
Beim Thema „Auto" (Klasse 3) ging es vor allem um neu gekaufte Autos (Onkel, Tante, Vater, Mutter), um Geschichten von Autorennen (Formel 1 mit Schumacher) und Pannenerlebnisse. Es gab auch ein modernes Märchen und eine Art Psycho-Märchen:
Ferrari – Lamborghini – Opel – Audi – Porsche – Bugatti – Motoren – Toyota – Kabrio – Rennautos – Ford – Alfa Romeo – Benzin – Getriebe – Reifen – Achsen – Scheiben

Aus Ferrari, Lamborghini, Porsche entstand folgende Geschichte:

Drei Autos für drei Bekloppte
Es waren mal drei Brüder, die hießen Heini, Reini, Steini. Die drei wollten einen Führerschein machen und sind zehnmal durchgefallen. Trotzdem kauften sie sich drei Autos: Heini kaufte sich einen Ferrari, Reini kaufte sich einen Porsche und Steini kaufte sich einen Lamborghini. Damit fuhren sie los und rasten alles über den Haufen, was sie vor die Windschutzscheibe bekamen. Dann bauten sie einen Crash und als der Polizist kam, mußten sie eine Strafe bezahlen. (Nikolai)

BMW – Mercedes Benz – Ford – Lenkrad – Türen – 4Türer – 5Türer – Tankstelle – Preis – Reklame – km/h – Hubraum – Antenne – Radio
Aus BMW – km/h – Radio wurde diese Geschichte:

Der Junge mit dem tollen BMW
Er war ein Junge und hieß: Tom. Er wollte unbedingt mal in einem BMW sitzen. Der Vater des Jungen hatte einen BMW, aber der Junge durfte nicht in den BMW. Als Tom 18 war, hatte er gerade den Führerschein bekommen, und dann hat er sich sofort einen BMW gekauft. Der BMW, den sich Tom gekauft hatte, war aber viel besser als der von seinem Vater, denn der BMW von Tom hatte nämlich Radio und war schneller. Der BMW von seinem Vater fuhr nämlich nur 300, aber der BMW von Tom 480. Das ist ein sehr großer Unterschied. Tom freute sich sehr über sein neues Auto. Jetzt brauchte er nicht ständig seinen Vater zu fragen, ob er in den BMW durfte. Jetzt hatte er ja einen eigenen. (Philipp)

Auch das Thema „Lesen“ erwies sich als sehr ergiebig, da eigene Erfahrungen und Vorlieben sich zur Darstellung anboten.
Beim automatischen Schreiben zeigte es sich – wie bei allen anderen offenen Schreibanlässen –, dass beim Schreiben ohne Textsortenfestlegung das Repertoire der individuellen Möglichkeiten ganz einfach größer wird und damit auch die Schreibmöglichkeiten für jedes einzelne Kind.

Schreiben zu Stichwort-Rahmenthemen

Schreiben zu einem thematischen Stichwort

- spontan: Das thematische Stichwort wird gegeben, die Kinder schreiben;
- in Verbindung mit einer Textrezeption:
  Das thematische Stichwort wird entsprechend ausgewählt;
  das Schreiben dient der Vorbereitung eines Textvergleichs;
- situativ: Das Schreibthema ergibt sich aus einer Gesprächssituation.

Gemeinsam Ideen sammeln beim Clustering

- große Papierbögen bereitlegen, ein Thema in die Mitte schreiben;
- in kleinen Gruppen Assoziationen/Einfälle aufschreiben,
  die Stelle passend wählen, Begriffe einkreisen und entsprechend verbinden.
- Während des Clustering stehen, gehen, denken, schreiben: „Stummes Gespräch“.
- Eine Idee, einen Denkanstoß aus einem Cluster
  als Anregung für den eigenen Text auswählen.

Individuelle Ideen sammeln beim Automatischen Schreiben

- Rahmenthema nennen;
  Kinder schreiben 2–5 Minuten lang alles stichwortartig auf, was ihnen einfällt.
- Die drei wichtigsten Wörter werden unterstrichen
  und für einen eigenen Text genutzt.

6.3 Schreiben zu Materialien/Medien

Beim Schreiben zu allen Varianten von Stichwort-Rahmenthemen gehen wir von verbalen Impulsen aus, die die Entfaltung von Ideen, ein „Ideen-Flimmern“ (Barbara Kochan) in Gang setzen. Wie wir wissen, gibt es sehr unterschiedliche Lern- und Arbeitstypen (ganzheitlich oder analytisch), d. h. auch andere „Kanäle“ wie

unsere *Sinneswahrnehmungen* Hören, Sehen, Fühlen, Riechen sollten einbezogen werden, wenn es darum geht offene Schreibanlässe zu finden. Die sinnliche Erfahrung, das Mit-den-Dingen-umgehen-Können, bietet für viele Kinder einen zusätzlichen Reiz für eine eigenständige Auseinandersetzung bzw. Anbindung, d.h. für das Schreiben eines Textes aus einer momentanen Eingebung, einer Erinnerung, einer Anknüpfung an vorhandenes Wissen heraus.
Natürlich ist es auch naheliegend alle möglichen Angebote bzw. denkbaren Varianten von thematischen Anstößen zu nutzen, um abwechslungsreich und damit immer wieder aufs Neue anregend zu arbeiten.

6.3.1 Schreiben zu Gegenständen/Sachen

Gegenstände/Sachen, die die Kinder oder die Lehrpersonen mitbringen, sind von der 1. bis zur 4. Klasse als Schreibanlässe geeignet. Schreibanlass kann etwas Spezielles sein oder auch eine ganze Reihe unterschiedlicher Sachen, die einen gemeinsamen Bezugspunkt haben:

Thema „Kartoffel“

Die Kinder einer 4. Klasse schrieben einmal zum *Thema „Kartoffel“,* als ich einige besonders originell geformte Exemplare (sog. Hörnlis) mitgebracht hatte. Dies war der erste derartige Schreibanlass. Die Kinder begannen zu raten, was mit den Kartoffeln passieren sollte und kamen auf Kartoffeldruck und Ähnliches. Nach dem Hinweis auf „Schreiben“ wurden Märchen vorgeschlagen.
Nachdem klargestellt worden war, dass alle möglichen Texte zugelassen sind, entstand eine Fülle unterschiedlicher Texte:

- Erklärungen, wie die Kartoffel aus Südamerika zu uns gekommen ist (war gerade im Sachunterricht behandelt worden; als Informationsquelle wurde auch das Lexikon genutzt!);
- eigene Erlebnisse bei der Kartoffelernte;
- Beschreibungen, wie Tüten-Chips hergestellt werden (war aus dem Fernsehen bekannt);
- ein Bratkartoffel-Rezept, das sich als überarbeitungsbedürftig erwies, da die Kartoffeln in die kalte Pfanne gegeben wurden;
- die Geschichte, wie die Augen in die Kartoffeln kamen sowie ein Märchen vom Kartoffelkönig und viele andere Texte.

Thema „Fundsachen“

Ein Beispiel für den anderen Weg erlebte ich mit einer 2. Klasse:
Die Kinder hatten auf ihrem *Schulweg* Fundsachen gesammelt. Sie brachten diese mit in die Schule, breiteten sie aus und schrieben dazu. Gefunden worden waren defekte Musikkassetten, farbige Glasscherben, ein Stück Kordel, ein Geldstück, allerlei Bruchstücke von kaputten Gefäßen etc. Die Texte waren ebenfalls sehr vielseitig und individuell, wobei Berichte vom Fundort bzw. „Wie gefunden“ und Ge-

schichten zu den Sachen (Wer hat etwas weggeworfen oder verloren und warum?) überwogen.

Ein unerschöpfliches Reservoir

Die Möglichkeiten sind zahlreich, vor allem, wenn man die Kinder einbezieht! Viele Kinder haben eine Kram- oder Schatz-Kiste, gefüllt mit „kleinen Schätzen“, von Holz- oder anderen Figürchen, Knöpfen bis zur kleinen Feder etc.
Spieltiere (Teddybären!) eignen sich ebenfalls als Schreibanlass. Auch anderes Spielzeug (Autos!) kann diese Funktion übernehmen.
Perlen, Modeschmuck, Glaskugeln, einzelne Schuhe, Werkzeuge, ein gedeckter Tisch mit Geschirr und Besteck, brennende Kerzen, CD-Cover, unterschiedliche Steine oder Kieselsteine (am Fluß gesammelt? An einem Fluss gibt es auch Fundsachen!), alles aus dem Meer (Muscheln, getrocknete Seeigel etc.) oder aus dem Wald (Tannenzapfen, Kiefernnadeln, Herbstblätter, Kastanien etc.). Sogar Süßigkeiten (aus Weingummi), die später gegessen werden durften, haben schon als Schreibanlass gedient (Näheres zu den Texten im Kap. 7, Texte auswerten).

6.3.2 Schreibanlass: Riechen, Fühlen, Schmecken

Im Rahmen vielseitiger Angebote können auch kleine Dosen (Filmdosen mit durchlöchertem Deckel) mit verschiedenen *Riech-Angeboten* zur Verfügung gestellt bzw. von den Kindern mitgestaltet werden. Schokolade, Knoblauch, Zitrone, Gewürznelken, Zimt, getrocknete oder frische, kräftig riechende Blüten (Hyazinthe, Rosenblätter), Tannennadeln bzw. Kiefernöl und vieles andere mehr eignet sich hierfür.

Statt „anonymer“ Gerüche in Dosen können natürlich auch duftende Blumen, Zweige etc. angeboten werden. Hier ist noch ein weites Feld für Erprobungen mit der eigenen Klasse! Generell sollten wir bei sehr ungewöhnlichen Angeboten, bzw. wenn einzelne Kinder keinen Zugang finden, Alternativen (andere offene Schreibanlässe) anbieten!

Riechen

In einer 3. Klasse wurden verschiedene *Parfümproben* vorgelegt. Alle Kinder fanden hierbei sofort einen Schreibanlass (Einkaufsgeschichten, Geschenkwahl, Geschichten vom geglückten Schenken, Parfümherstellung etc.).

Fühlen

Zum Riechen kann man das Schmecken und Fühlen hinzunehmen. Zum *Fühlen* eignete sich ein Kasten zum Eingreifen, der das „Fühlgut“ unsichtbar darbietet: Raues (Schmirgelpapier) und Sanftes (Samt, Seide, Plüsch), Borsten (Bürste) und Glattes (Kunststoffoberfläche) etc.

Schmecken

Beim *Schmecken* könnte es u. a. darum gehen Süßes (Zucker, Schokolade) und Salziges (Salz, Salzstange), Saures (Essiggürkchen, Zitrone), Bitteres (winzige Mengen Bittermandel?) und Scharfes (Paprika, Pfeffer, mittelscharfe Pepperoni) zu unterscheiden. Denkbar sind auch Obststückchen bzw. ganze Äpfel, Birnen, Kirschen, Pflaumen, Erdbeeren, Maronen etc., die probiert werden und Anlässe für Anknüpfungen bieten.

6.3.3 Schreiben zu Umwelt-Geräuschen

Das Hören kann ebenfalls einen Schreibanlass darstellen. Kassettenaufnahmen aus der Umwelt, z.B. *Schulhof, Wald, Straße* etc. bieten erfahrungsgemäß etliche Anschlussmöglichkeiten. Es gibt bespielte Kassetten mit Vogelgezwitscher, Wasserläufen, Meeresrauschen etc. zu kaufen. Es macht den Kindern allerdings großen Spaß, *Aufnahmen selbst zu machen*! Diese Motivation sollte nicht ungenutzt bleiben!

Es gibt auch die Möglichkeit draußen oder drinnen, sozusagen an „Ort und Stelle“ – auf der Straße, im Park, auf dem Schulhof etc. –, zu hören und dies als Initiation für das Schreiben zu nutzen.

Kassetten, die zu kaufen sind, haben manchmal den Nachteil, dass Straßengeräusche auf Bremsenquietschen etc. eingeschränkt sind, so dass eine „Unfall-Geschichte“ naheliegend ist. Wir sollten jedoch bei unseren Angeboten darauf achten, dass vielseitige Möglichkeiten gegeben sind und keine vorzeitige Einengung erfolgt.

Exkurs: Schreiben zu Musik

Wenn wir uns der Musik zuwenden, so kommt vor allem sog. Programm-Musik in Betracht wie der „Karneval der Tiere“ (Saint-Saëns, Camille). Zu dem Ausschnitt „Aquarium“ schrieben und malten die Kinder einer 2. Klasse mit großer Begeisterung!

Eine Kassette „Gesang der Wale“ (authentische Aufnahmen) wurde im Zusammenhang mit dem Buch „Der Gesang der Wale“ (Dyan, Sheldon, Blythe, Gary: Der Gesang der Wale, Aarau, Frankfurt/Main, Salzburg 1994) in einer 4. Klasse erfolgreich eingesetzt, um die Kinder zum Schreiben anzuregen.

Es hat den Anschein, dass die Kinder bereits gezielte Hörerfahrungen gemacht haben müssen, um das Schreiben zu Musik erfolgreich praktizieren zu können.

Auch hier ist beim Erproben die Begeisterung der Lehrperson bzw. die der Kinder von entscheidender Bedeutung. Es geht also immer darum herauszufinden, mit welchen der offenen Schreibanlässe die Kinder der jweiligen Lerngruppe gerne arbeiten bzw. womit sie gut zurechtkommen.

6.3.4 Schreiben zu Bildern

Beim Schreiben zu Bildern haben wir ähnlich wie beim Schreiben zu Gegenständen ein *riesiges Spektrum von Möglichkeiten* vor uns. Geeignet sind grundsätzlich *alle Bilder*, zu denen Kinder schreiben mögen. Es geht auch hier wiederum nur um den Anlass zum Schreiben, nicht um eine bestimmte Textsorte (keine Bildbeschreibung bzw. -interpretation!). Um den Kindern genügend Freiräume zu gewähren, sollte daher immer eine gewisse *Auswahl* zur Verfügung gestellt werden.

Das oben angesprochene Spektrum reicht von eigens konstruierten *Erzählbildern* (in vielen Lese- und Sprachbüchern vorhanden; s. auch Altenburg 1994) bis zu Kunstdrucken (besonders beliebt für das Kreative Schreiben: surrealistische Bil-

der von Dali oder Magritte). Alle Bilder, die uns im Alltag begegnen (*Kalenderbilder, Werbung* etc.), sind grundsätzlich geeignet. *Fotos* von den Kindern – aktuelle oder Kleinkind-Bilder – können einen Anlass bieten über die eigene Vergangenheit, frühe Erinnerungen, eigene Hobbys etc. zu schreiben.
Auch Erzählbilder, die so „konstruiert“ sind, dass sie viele Geschichten „enthalten“, dass diese sozusagen „vorgedacht“ sind, werden gelegentlich so aufgenommen, dass ein Anlass für das Schreiben eines Sachtextes (z. B. Modalitäten eines Modellschiff-Wettbewerbs bei einem Bild von einem „Schiffchensee“) gesehen wird. Da es uns nicht darauf ankommt eine bestimmte Textsorte zu favorisieren, ist auch ein „abweichendes“ Ergebnis akzeptabel.

Zu einem Reklamebild mit Bauarbeitern wurde folgender Text geschrieben:

Sebastian, 3. Klasse

Die Männer vom Bau
Es war ein schlechter Tag. Es regnete zu stark. Heinz ging ins Büro und sagte: „Chef, es regnet zu stark.“ Der Chef sagt: „Dann müssen wir wohl aufhören.“ Heinz ging raus und sagte den Arbeitern, sie sollten nach Hause gehen. Am nächsten Morgen wurde das Dach gesetzt und am Dienstag war das Haus fertig.

Dies ist ein Text „aus dem Leben“, der für sich spricht!

Schreiben zu Bildern

Erzählbilder
Kunstdrucke
Kalenderbilder
Zeitungsbilder
Werbung
Eigene Fotos
...

Aufgabe:
Wähle ein Bild aus und schreibe einen Text!

6.3.5 Sehen, Riechen, Fühlen – ein Unterrichtsbeispiel

Zum Rahmenthema „Frühling" habe ich in einer 2. Klasse, die das Schreiben in der vorgestellten Art noch nicht kannte, einen Unterrichtsversuch gemacht. Die Kinder waren seit der 1. Klasse an das Schreiben von freien Texten gewöhnt. „Neu" war das Schreiben zu Gegenständen/Sachen mit Riechen und Fühlen. Der Zeitpunkt: Mitte März.

Präsentation der Angebote/Aufgabenstellung

Als die Kinder in ihre Klasse kamen, standen auf jedem Tisch kleine Blumentöpfchen mit Krokussen, Primeln, Narzissen, Tulpen und Stiefmütterchen (es „fehlten": Schneeglöckchen!). Daneben lagen Zweige mit dicken Weidenkätzchen. Auf einem Tisch vorn waren zusätzlich zu sehen: ein Körbchen mit gefärbten Eiern, eine kleine Schaufel, eine kurze Hose, ein T-Shirt, Söckchen (denkbar wären noch Rollschuhe etc.).
Auf jedem Platz lag ein DIN-A4-Schreibblatt. Die Kinder sollten als erstes die Aufgabenstellung herausfinden, d. h. das Blatt mit dem in Verbindung bringen, was auf den Tischen stand. Dass geschrieben werden sollte, war sofort klar. Es wurde vermutet, dass die Namen der Blumen gefunden werden sollten. Daraufhin wurde erklärt, dass man die Weidenkätzchen anfassen darf (und auch die anderen Sachen), dass man fühlen und an allen Blumen riechen kann. „Jedes Kind darf sich aussuchen, wozu es etwas schreiben und was es schreiben will."

Schreibbeginn/individuelle Betreuung

Daraufhin begannen fast alle Kinder mit dem Schreiben. Zwei Kinder zögerten, fingen aber an, als sie gefragt wurden, wozu sie denn schreiben wollten bzw. was sie ausgesucht hätten.
Ein Junge war ganz schnell „fertig“. Er hatte geschrieben:

Der Osterhase bringt frische Eier. Er bringt noch mehr.

Nachfrage: „Was bringt er denn noch?“ Antwort des Kindes; Ermunterung: „Dann schreib das doch!“ Er schrieb weiter:

Süßigkeiten hatte er. Manchmal bringt er Spielsachen. (Ruben)

Damit war sein Text wirklich beendet, er sollte noch eine Überschrift suchen („Der Osterhase kommt“) und durfte dann etwas dazu malen.
Ein anderer Junge war ebenso schnell. Er hatte sich sofort auf das Abfühlen der Weidenkätzchen und Riechen an einer weißen Hyazinthe „gestürzt“. Ein Stückchen von einem Haselstrauch lag ebenfalls bei ihm. Er schrieb (Überschrift nach Aufforderung):

Die wichtigen Pflanzen
Die Weidenkätzchen fühlen sich weich an, sie sehen süß auch aus. Die weißen Blumen riechen gut, sie sehen auch schön aus. Die Hasel verliert sehr viel. (Stephan)
(Kommata von mir gesetzt)

Als er sich noch etwas Weiteres aussuchen durfte, meinte er, Ostereier dürfte man nicht zu lange aufheben, die könnten „vergammeln“. Ich forderte ihn auf, das doch zu schreiben und er schrieb:

Die Eier muß man beschützen, weil sie sonst sehr schnell vergammelt werden. Einmal habe ich ein Ei gegessen und auf einmal sehe ich Schimmel. (Stephan).

Persönliche Schreibzeit/Differenzierung

Ein Mädchen schrieb in kürzester Zeit zwei DIN-A4-Seiten. Sie erhielt das „Zusatzangebot“ auf den Schulhof zu gehen und zu horchen. Sie schrieb dann den folgenden Text:

Der Frühling
Die Schule hat begonnen. Alle Klassen haben gequatscht. Die Vögel haben gezwitschert und die Wolken sind vorbeigeflogen. (Denise)

Auch drei andere Mädchen wollten gerne einen zweiten Text schreiben und suchten sich einen weiteren Schreibanlass im Klassenraum.

Einführung des differenzierten Schreib-Endes

Als vier Kinder ihr Textschreiben beendet hatten (nachdem sie noch eine Überschrift gesucht hatten), durften sie sich im Flur die Texte gegenseitig vorlesen. Drei weitere Kinder gingen nacheinander leise hinterher und schlossen sich der Gruppe an.

Andere Grüppchen wurden im Klassenraum zusammengesetzt. Ein besonders lebhafter Junge tauschte seinen Text (per Vorlesen) mit *einem* anderen Jungen aus. (Das ständige Erweitern einer Gruppe hätte für ihn voraussichtlich zuviel Unruhe erzeugt.)

Alle Kinder hatten Gelegenheit ihren Text einmal vorzutragen.

Persönlicher Schreibanlass/Entscheidung

Als im Klassengespräch nachgefragt wurde, welche denn die Anknüpfungspunkte waren, wurde z. B. der Folgende genannt: „Wir haben doch gesagt, das sind alles Frühlingssachen und ich habe im Frühling Geburtstag." Deshalb schrieb Anja:

Der Frühling
Die Blumen erinnern mich an meinen Geburtstag. An meinem Geburtstag fahren wir manchmal Schwimmen. (Und Blumen brauchen Wasser, sonst vertrocknen sie) Manchmal machen wir eine Fahrradtour mit kurzen Hosen und Hemden, weil es so heiß ist. (Anja)

Den eingeklammerten Satz haben wir nach gemeinsamer Überlegung als zweiten Satz gesetzt (Geburtstagsblumen müssen versorgt werden!).
Ein anderes Kind meinte: „Ich habe zu Krokussen geschrieben, weil sie vor unserem Haus stehen."

Die Krokusse
Die Krokusse wachsen hinter unserem Haus. Ganz viele wachsen hinter unserem Haus. Viele Farben haben unsere Krokusse: gelb, rot, lila. Sie sind wunderschön. Die Krokuse wachsen nicht überall. (Anne)

Da gefärbte Eier vorhanden waren, hatten viele Kinder Assoziationen mit Ostern, Osterhase etc. und schrieben dazu:

Schöne Ostern/Ein Ostertag/Ein guter Ostermorgen/Ein schöner Ostermorgen/Der Ostermorgen/Der Osterhase/Der Osterhase kommt/Der Osterhase legt jeden Tag fünf Eier/Die Kinder suchen die Eier/Der Osterhase und der Bauernhof

Ein guter Ostermorgen
Es war ein schöner Ostermorgen.
Die Blumen gehen auf.
Die Bäume kriegen Knospen.
Und die Kinder kriegen gerade von den Eltern Geschenke.
Die Kinder dürfen die Süßigkeiten essen, weil die Kinder haben nämlich sehr viele Süßigkeiten bekommen und wenn die Kinder fertig sind.
Dann tun die Kinder an den Blumen riechen.
(Dominic)

Strukturierung und Zeichensetzung von Dominic.
Wir können uns vorstellen, wie schön der Ostermorgen für Dominic war! Zu seinem Text würde eventuell einiges angemerkt: Der Zeitwechsel am Anfang hat eine Funktion! Die Parallelität von Knospen „kriegen" und Süßigkeiten „kriegen" lässt uns schmunzeln; auch würden wir vor dem letzten Satz ein Komma setzen. Ich hoffe, dass niemand auf die Idee käme an diesem Kindertext (2. Klasse!) etwas zu korrigieren bzw. zu verbessern. Man sollte sich vielmehr notieren, wie geschickt Dominic seinen Text strukturiert hat bzw. dass er mit dem Satzschlusszeichen „Punkt" bereits umgehen kann!

Ein guter Ostermorgen

Es war ein schöner Ostermorgen.
Die Blumen gehen auf.
Die Bäume kriegen Knospen.
und die Kinder kriegen grade von den Eltern Gechenke.
Die Kinder dörfen die Süsichkeiten essen weil die Kinder haben nämlich sehr viele Susichkeiten bekommen und wen die Kinder vertig sind.
Dann tun die Kinder an die Blumen richen.

Die Blumen selbst führten zu Überschriften wie:

Der Frühling/Die bunten Blumen/Eine schöne Blumengeschichte

Eine schöne Blumengeschichte
Ein schöner Frühlingsgarten mit vielen bunten Blumen. Ein schöner Weidenkätzchenstrauch. Eine schöne Hyazinthe.
Eine schöne Osterblume.
Zwei schöne Stiefmütterchenblumen.
Eine schöne Tulpe. (Christoph)

Christoph hat offensichtlich Witz: Eine „schöne“ Geschichte mit „schönen“ Blumen! Auch er ist bereits in der Lage seinen Text mit einem Absatz zu versehen und Punkte stimmig zu setzen.

Texte vorstellen vor der Klasse

Es stellte sich heraus, dass kurze Texte geschrieben worden waren (3–4 Sätze) und ganz lange (1–2 DIN-A4-Seiten).
Begonnen wurde mit dem Vorlesen von *zwei kurzen Texten.* Wie sich „herausstellte“, hätten beide in eine Art „Frühlingsbuch“, wo „drinsteht, wie der Frühling ist“, aufgenommen werden können.

Weidekatzen, Stiefmütterchen, Primeln, Hyazinthen, die Blumen sind bunt, riechen gut, sind weich und schön. Sie stehen im Garten. Man muß ihnen Wasser geben und Samen geben, man muß sie pflanzen und ihnen Erde geben. (Tobias)

Die Blumen riechen gut und sind schön bunt. Die Blumen werden mit einer kleinen Schaufel eingepflanzt. Am Ostertag werden die Eier in den Blumen versteckt.(Maike)

Julia fand, dass ihre „Geschichte“ auch dazu passt:

Die bunten Blumen
Ostern blühen ganz viele bunte Blumen auf der Wiese. Die Kinder haben die Blumen eingepflanzt. Die Kinder fühlen an den Weidekätzchen, weil sie so weich sind. Die Blumen duften ganz gut. Die Kinder geben den Blumen Wasser, ganz viel Wasser. Die Kinder haben T-Shirts an. Die Kinder haben in den Häusern Ostersträuße, da hängen Hasen dran und Vögel. (Julia)

Zeichensetzung wurde eingefügt.

Anhand dieser Texte wurde ansatzweise der Aspekt des sachbezogenen Schreibens thematisiert.
Weitere Texte wurden vorgelesen und es wurde nachgefragt bzw. beim Zuhören ermittelt, was wohl der Schreibanlass war.
Am Schluss wurden alle Überschriften von den Kindern an die Tafel geschrieben und damit unterstrichen, *wie viele verschiedene Texte entstanden waren.*
Es wäre möglich in einer Folgestunde eine Lese-„Such“-Aufgabe anzuschließen, d. h. Sachbücher mit Frühlingsblumen zu verteilen und etwas über die einzelnen Blumen herausfinden zu lassen bzw. die Blumen selbst (sachunterrichtlicher Aspekt) etwas genauer zu untersuchen (Staubgefäße fühlen etc.).
Hier wurden alle Texte per Computer getippt (dabei in die richtige Rechtschreibung gebracht und nur, wenn unbedingt erforderlich, korrigiert) und zu einem kleinen *Klassen-Frühlingsbuch* zusammengefasst. Jeder Text konnte dann mit einer Zeichnung versehen bzw. es konnte die Vorhandene ausgeschnitten und aufgeklebt werden.

Die Kinder schrieben – wie erwartet – nicht nur inhaltlich vielseitig, sondern auch im Hinblick auf Textsorten:
Sie schrieben über etliche eigene Erlebnisse, vor allem im Zusammenhang mit Ostern. Es entstand auch eine Art „Siebener-Märchen“:

Der Osterhase
Der Osterhase geht über die grüne Wiese und sieht einen Bauernhof. Er geht in das Haus hinein und legt sieben Eier. Der Osterhase sieht sieben Kühe. Er legt sieben Eier auf die Wiese. Der Osterhase sieht sieben Hasen. Das sind meine Eltern und meine fünf Brüder. Der Osterhase hat seine Eltern wiedergefunden und sie feiern eine Hasenparty. (Julia B.)

Der Osterhase

Der Osterhase geht uber die grüne
Wise und siet ein Bauernhof er geht in
den Haus hinein und legt Siben Eier in
den Hauls hinein. Der Osterhase siet Siben
Kühe er legt Siben Eier auf der Wiese.
Der Osterhase siet Sieben Hasen das sient
meine Eltern und mein fümf Brüder.
Der Osterhase hat Wieder seine Eltern
gefunden und sie feier eine Hase pati.

Julia

Exkurs:

Die Originaltexte sollten auf jeden Fall aufgehoben werden, um den Kindern Gelegenheit zu geben später selber einmal Spaß zu haben an ihren originellen Schreibungen wie z. B. dem Wort „pati“, „Uhjahrtinten“ (Hyazinthen) oder „Tischatz“ (T-Shirts).
Zum Thema Ostern entstand auch eine Art Stimmungsbild:

Der Frühling
Es ist Ostern und die Blumen blühen. Alle Hasen hoppeln übers Feld. Sie naschen Mohrrüben. Die Krokusse blühen auf und die Tulpen wachsen und Stiefmütterchen duften. Und die Bäume bekommen Knospen und es wachsen Primelchen. Im kühlen Gras verteilen Osterhasen Eier. Der Frühling ist da. (Es) zwitschern die Vögel und im hellen Sonnenschein tanzen Mücken. Sie tanzen den Frühlingstanz. Hyazinthen werden lila und erblühen in ganzer Pracht. Und Weidenkätzchen erblühen auch und duften wie noch nie. (Jessica)

Sachtexte wurden mehrmals produziert (vier von 20).
Sogar ein *appellativer Text* war dabei, nämlich der Folgende von Arnold. Den Text von Stephan zum Problem der wenig haltbaren Ostereier könnte man auch dazurechnen (hebt sie nicht zu lange auf!).

Der Frühling
Die Weidenkätzchen sind schön weiß und man darf sie nicht abpflücken, denn sie wachsen nicht überall. (Arnold)

Arnold las als erster seinen kurzen Text vor. Sein Anliegen wurde bestätigt. Gut wenn die Lehrperson weiß, warum Weidenkätzchen geschützt sind (erste Bienennahrung!).

Texte für sich auswerten

Man sollte sich notieren, welches Kind welche Art Text geschrieben hat (ohne akademische Bestimmungsprobleme!), um einen Überblick zu bekommen.
Geeignet sind hierfür große Karteikarten oder eine Art Schreibtagebuch mit drei Seiten pro Kind:
Auf der zweiten Seite werden Hinweise zu besonderen sprachlichen Leistungen notiert wie z. B. Einsatz von Wiederholungen (Christoph: „Eine schöne Blumengeschichte“), Tempuswechsel (Dominic: „Ein guter Ostermorgen“), besonders gelungene Überschrift etc. Die dritte Seite beinhaltet Notizen zum Schreibvermögen (s. Kap. 8.1, Texte überarbeiten/korrigieren): Welches Kind setzt noch keine Punkte und sollte dies in nächster Zeit lernen? Julia hat z. B. drei Texte verfasst (zwei Schreibseiten), allerdings nur jeweils am Textende einen Punkt gesetzt. Mit ihr könnte man dies bald thematisieren, denn sie könnte sich beim Schreiben mehr Zeit lassen und versuchen durch Punkte zu strukturieren.
Bei anderen Kindern würde man vielleicht noch etwas warten, bis ihre Zuversicht im Hinblick auf ihre Schreibprodukte noch weiter gewachsen ist.

Der *Vorteil laufender Notizen* liegt darin, dass man zu jeder Zeit einen Überblick hat. Erscheint der Aufwand hierfür zu groß, so sollte man spätestens nach einem Halbjahr alle gesammelten Kindertexte (pro Kind eine Mappe mit den Originalen) für sich auswerten.

Verbindung mit dem Rechtschreiblernen

Neben der *individuellen Auswertung* jedes Textes, um Hinweise für die individuelle Förderung in der nächsten Zeit zu erhalten (s. Kap. 8.2.2, Ein individuelles Rechtschreibprogramm erstellen), kann man aus dem Schreibthema Wörter für die Grundwortschatzarbeit gewinnen.
Man kann die Kinder hierzu befragen. Es könnte sein, dass sie alle Blumennamen schreiben möchten, auch wenn das Wort „Hyazinthe“ sicherlich nicht „fürs Leben“ gebraucht wird! Dieses komplizierte Wort könnte allerdings dazu dienen, dass das Abhören noch einmal thematisiert wird bzw. das Vorkommen des „y“.
Als *Grundwortschatzwörter* für alle Kinder böten sich z. B. an: Frühling (Jahreszeiten!), Blumen, bunt. „Frühling“ ist wegen des „h“ nicht einfach zu schreiben, das muss man sich also einprägen. „Blume“ hat kein Kind falsch geschrieben; dieses Wort braucht also auch nicht geübt zu werden. „Bunt“ haben einige Kinder falsch geschrieben und zwar mit „d“ am Ende. Thema für alle könnte daher sein, wie man herausfindet, wie der T-Laut am Ende eines Wortes geschrieben wird: Verlängert man das Wort, so weiß man Bescheid. Die „klassische“ Regel Wörter bei Bedarf zu verlängern kann hier eingeführt oder wiederholt werden.
Es sollten also Wörter ermittelt werden, die voraussichtlich für alle Kinder wichtig sind bzw. Wörter, die Anlass bieten „Regelungen“ bzw. Regeln zu entdecken. Der „ewige“ Kampf mit der Groß- und Kleinschreibung könnte anhand ausgewählter Textbeispiele thematisiert werden, da man in einem Textausschnitt, in einem Satz, am ehesten ermitteln kann, was denn nun ein Nomen ist bzw. welche Funktion es hat.

6.4 Offene Schreibanlässe in offenen Unterrichtsformen

Wie bereits angesprochen lassen sich offene Schreibanlässe sehr gut im Zusammenhang mit offenen Unterrichtsformen einsetzen.

Freie Arbeit und Wochenplan

Schreib-Auswahl-Angebote wie

- Stichwort-Rahmenthemen (Nachdem die Verfahren eingeführt sind, können auch das Clustering und das automatische Schreiben hinzugenommen werden.),
- Schreiben zu Gegenständen und Bildern,
- Schreiben in Verbindung mit Hören, Riechen, Fühlen, Schmecken können im Rahmen der Materialien für Freie Arbeit zur Verfügung gestellt und genutzt werden. Dabei sollten die Kinder immer wieder ermuntert werden selber etwas zu den Angeboten beizutragen.

Im Rahmen von Wochenplanarbeit kann ebenfalls aus der Fülle der Angebote ausgewählt werden, wenn die Aufgabe heißt: „Schreibe in dieser Woche einen Text."
Sowohl bei der Freien Arbeit als auch bei der Arbeit mit dem Wochenplan muss gesichert sein, dass die Kinder Gelegenheit erhalten ihre Texte zu präsentieren (mündlich oder schriftlich), sie sich z. B. in kleinen Gruppen gegenseitig vorzulesen, um eine spontane Bestätigung zu erfahren.

Projektarbeit

Bei projektorientiertem Arbeiten eignet sich das Schreiben zu einem thematischen Stichwort für den Einstieg besonders gut. Wenn das Klassen-Projekt z. B. „Spinnen" heißt (so gewünscht von einer 3. Klasse), so werden beim Offenlassen der Textsorte voraussichtlich Einstellungen bzw. Ängste thematisiert, ebenso Erfahrungen, Gelesenes und Erlebtes. Diese Texte dann bei Beendigung des Projektes noch einmal zu lesen ist für alle Beteiligten ausgesprochen aufschlussreich.
Das *Clustering* (auch ohne anschließende Textproduktion) bietet ebenfalls wertvolle Möglichkeiten, um sich – und den beteiligten Kindern – einen Überblick über vorhandenes Wissen, über Einstellungen, Fragen etc. zu verschaffen.
Während der Projektzeit ergeben sich naturgemäß gezielte Schreibanlässe für Sachtexte (Zusammenstellen von Wissenswertem, Erarbeiten von kleinen Referaten etc.) wie auch für appellative Texte („Spinnen sind nützlich!").
Die neueren Formen offenen Unterrichts wie Stationenbetrieb und Werkstattarbeit schließen insofern an den Projektgedanken an, als dass sie thematisch gebunden sein können. Das fächerübergreifende Moment haben sie mit allen tradierten Formen offenen Unterrichts gemeinsam.

Stationenlernen

Ein Stationenbetrieb kann auch innherhalb einer konventionellen Unterrichtsstunde von 45 Minuten angeboten werden. Sinnvoller sind jedoch größere Zeiteinheiten, d. h. mindestens eine Doppelstunde.
Der Grundgedanke ist Kinder selbständig handlungsorientiert lernen zu lassen, individualisierend unter Einbeziehung von Partner- und Gruppenarbeit. Nötig sind hierzu Materialien, die nicht immer den ganz großen Arbeitsaufwand erfordern. Arbeitsaufwendige Materialien sollten nur dann hergestellt werden, wenn diese auch entsprechend häufig zum Einsatz kommen, d. h. wenn kooperativ gearbeitet wird (Austausch von Materialien ist auf vielen Ebenen möglich!).
Die Materialien werden auf einzelnen Tischen – an den Stationen – mit den entsprechenden Arbeitsaufträgen angeboten. Für die Bearbeitung gibt es etliche Varianten: Es kann eine bestimmte Reihenfolge festgelegt werden oder die Kinder können selbst wählen, an welcher Station sie wie lange arbeiten wollen (ohne Anspruch an einen vollständigen „Durchlauf").
Im Sinne einer inneren Differenzierung können bestimmten Kindern bestimmte Stationen zugewiesen werden. Es können Zusatzstationen für schnell arbeitende

Kinder angeboten werden etc. Am Ende einer Arbeitsphase (z. B. gegen Ende einer Doppelstunde) ist es zumeist sinnvoll eine gemeinsame Reflexion zu gestalten.
Offene Schreibanlässe im Stationenbetrieb zu praktizieren kann heißen, dass im Rahmen eines Themas wie z. B. „Zähne" oder „Gesundheitserziehung" eine Station einige Schreibanlässe bietet (z. B. Modelle von Zähnen oder echte Zähne, Tier- und Menschenzähne, Bilder einer Zahnarztpraxis, Clustering zum Thema „Zahn" bzw. Schreiben zum thematischen Stichwort usw.).
Andere Stationen wären vermutlich eher sachunterrichtlich bzw. mathematisch orientiert. Da wir bei offenen Schreibanlässen im Vorhinein nicht wissen, welche Textsorten zum Tragen kommen werden, können die hier entstandenen Texte in unterschiedlicher Richtung (Lesen in Sachbüchern etc.) weitergeführt werden.
Ein Stationenbetrieb kann sich auch schwerpunktmäßig auf Lesen und/oder Schreiben unterschiedlicher Texte zu einem Thema beziehen. Hierbei wäre auch eine Station für den Austausch von Texten bzw. Leseerfahrungen vorzusehen, womit wiederum ein guter Sprechanlass gegeben wäre.
Nehmen wir als Beipiel noch einmal das Thema Frühling: Hier könnten Gedichte ausgewählt – mit Begründung der Wahl – sowie Schreibanlässe der verschiedensten Art angeboten werden (eine Art kleine Schreibwerkstatt).

Werkstattarbeit

Werkstattarbeit geht insofern über einen Stationenbetrieb weit hinaus, als dass sie einen größeren Zeitrahmen (2–3 Wochen) und ein etwas anderes Arbeitssystem erfordert (s. Reichen 1992). Es sollten so viele Arbeitsangebote wie Kinder vorhanden sein, möglichst im Zusammenhang mit vielen verschiedenen Fachbereichen (aber nicht auf Biegen und Brechen!). Für jedes Angebot steht ein Kind als Expertin oder Experte (bei Reichen „Chef") bereit, um bei Bedarf zu helfen. Die Angebote selbst kommen sowohl von der Lehrperson als auch von den Kindern.
Im Rahmen sämtlicher Themen ergeben sich hierbei *offene Schreibanlässe aller Art*. Für die Präsentation der Texte muss wiederum ein Forum geschaffen werden.
Wie zum Stationenbetrieb gehören auch zur Werkstattarbeit Reflexionsphasen für Rückmeldungen, Standortbestimmung, Formulierung von Erkenntnissen usw. Im Gegensatz zum Projekt wird kein gemeinsames Produkt angestrebt. Dies kann sich jedoch ergeben (z. B. eine Ausstellung aller Arbeitsergebnisse, d. h. auch der entstandenen Texte).
Im Zusammenhang mit bestimmten Arbeitsaufträgen können sich auch zielgerichtete Schreibanlässe ergeben, z. B. eine Anleitung für das Färben von Ostereiern mit Naturfarben, Bastelanleitungen, Versuchsanordnungen, das Erfragen von Meinungen (z. B. zu Gedichten oder Kinderbüchern) etc.

Schreiberziehung: zielgerichtetes Schreiben und offene Schreibanlässe

Anhand dieser Beispiele ist bereits deutlich geworden, dass das Schreiben zu offenen Schreibanlässen nicht den einzigen Aspekt von Schreiberziehung darstellt. *Das gezielte Schreiben*, gezielt auch im Hinblick auf eine bestimmte geforderte Textsorte, sollte allerdings immer *in einem sinnvollen Begründungszusammenhang* stehen und nicht losgelöst sein. Kindern häufig die Freiheit zu geben ihre Textsorte selbst zu bestimmen, führt nach meiner Erfahrung zu keinerlei Defiziten, im Gegenteil! Im allgemeinen *produzieren alle Kinder unterschiedliche Textsorten*, nur eben zu verschiedenen Zeitpunkten und anhand unterschiedlicher Themen. Es erleichtert das Zustandebringen eines Textes und damit den *Aufbau einer langfristigen Schreibmotivation* jedoch ungemein, wenn die Zeitpunkte hierfür nicht fremdbestimmt, sondern entsprechend den persönlichen Neigungen gewählt werden.

7. Texte auswerten

Kindern geht es, nachdem sie einen Text fertiggestellt haben, vor allen Dingen darum diesen „loszuwerden“, ihren *Text jemandem zur Kenntnis zu bringen* und damit die Mühe des Schreibens gewürdigt zu sehen. Im Unterrichtsalltag wird dieser Ablauf – Text schreiben, Text *präsentieren* und gewürdigt sehen – die übliche und häufigste Art einer Textproduktion bzw. des Umgangs mit den produzierten Texten darstellen. In erster Linie in Klasse 1 und 2, aber auch dann, wenn oft geschrieben wird und somit alle möglichen „kleinen“ Schreibanlässe genutzt werden.
Eine *Überarbeitung* von Kindertexten sollte meines Erachtens sehr vorsichtig und zurückhaltend erfolgen, da auch *Kinder* eine *eigene Sprech- und Schreibweise* haben. Erst wenn ihnen diese bewusst ist, wenn sie ihre eigenen „Formeln“ erkennen, wenn sich ihre *Aussagekraft* entwickelt hat, wenn diese vorhanden ist, kann man daran gehen etwas zu verändern.
Ich möchte in diesem Zusammenhang darauf hinweisen, dass ein großer Unterschied besteht zwischen *textualen Korrekturen* im grammatischen Sinne, d. h. zwischen der Frage, was einen Text „stimmig“ und damit verständlich macht und einer *stilistischen Überarbeitung*, die abhängig ist von Geschmacksfragen und eigenen Vorstellungen. Eine stilistische Überarbeitung ist oft so subjektiv geprägt, dass ich sie eher aussetzen würde als sie in der gängigen Form zu praktizieren. Wenn man eine stilistische Überarbeitung in Erwägung zieht, dann erst in Klasse 4 und zwar erst in einem zweiten oder sogar dritten Arbeitsgang, nachdem alles Positive gewürdigt wurde.

Über Kindertexte nachdenken

Wollen wir Texte in dem Sinne auswerten, dass wir *Interessantes, Positives herausstellen* und verstärken wollen, so können wir auf bestimmte *Textmerkmale* aufmerksam machen bzw. Unterschiede in der Textgestaltung im Hinblick auf *Textsorten* reflektieren. Wir können ebenfalls *sprachlich besonders Wirkungsvolles* thematisieren, damit aus positiven Beispielen gelernt werden kann, damit *sprachliche Sensibilität geweckt* wird, damit gerichtete Aufmerksamkeit entsteht.
Dies kann sicherlich in den Klassen 3 und 4 eher geleistet bzw. angeleitet werden, da für jede Form von *Reflexion* eine gewisse *Distanz* vonnöten ist. Diese Distanz zum eigenen Text bzw. zu fremden Texten zu schaffen, sich freizumachen vom direkt Mitgeteilten, vom Inhalt, fällt Kindern der Klassen 1 und 2 zumeist noch schwer.

Kindertexte verstehen

Im Zusammenhang mit der Absicht die schriftsprachlichen Fähigkeiten von Kindern zu verbessern bzw. zu entwickeln, ist wiederum unsere *grundsätzliche pädagogische Haltung* gefragt: Geht es darum Fehler zu finden und zu korrigieren oder geht es zuerst einmal darum Positives, Gelungenes zu sehen, zur Kenntnis zu nehmen. („Ist die Flasche halb voll oder halb leer?“)

Wenn wir den Text eines Kindes lesen, so müssen wir uns in seine Gedankenwelt hineinversetzen, *die Welt des Kindes nachvollziehen.* Wir müssen versuchen Zugang zum Wirklichkeitsmodell des jeweiligen Kindes zu finden, es so weit wie möglich zu erfassen. Wir müssen uns fragen, was wir davon erkennen.

Über eigene Erwartungen nachdenken

Das heißt auch sich freizumachen von festgelegten, tradierten, unreflektierten Erwartungen im Hinblick darauf, wie ein Text bzw. ein schulischer Text auszusehen habe.
Bevor wir zu einem (Kinder-)Text Stellung nehmen, bevor wir uns eine Meinung bilden, ist es m. E. unbedingt erforderlich vorab *unser eigenes Verständnis* von dem, was ein gelungener Text ist, zu reflektieren und eventuell *kritisch zu überprüfen* (s. Kap. 7.1, *Gelungene Texte erkennen*). Daher sollen vor den Vorschlägen für Abläufe im Unterricht bzw. für die Arbeit mit den Kindern (s. Kap. 7.2, *Mit Kindertexten umgehen*) einige neuere linguistische Erkenntnisse referiert bzw. tradierte schulische Normen einer Überprüfung unterzogen werden.

Informationen zu Schreibfähigkeiten gewinnen

Abgesehen von dem, was Kinder selbst über ihre bzw. die Texte der anderen Kinder herausfinden, ist es für die *Lehrperson* möglich die *Kindertexte* für sich *auszuwerten*, aus den geschriebenen Texten Hinweise darauf zu gewinnen, was ein Kind bereits kann, welche Fähigkeiten im Hinblick auf Textproduktion bereits vorhanden sind, in welchen Bereichen Schwierigkeiten bestehen (s. Kap. 7.3, *Schreibfähigkeiten analysieren*).

7.1 Gelungene Texte erkennen

7.1.1 Textlinguistische Grundlagen

Textbegriff

Wenn es darum geht *gelungene Texte* zu erkennen, wie dies auch in zahlreichen neueren Lehrplänen formuliert wird, so sollten wir zuerst einmal klären, was denn nun ein Text ist. Zusammenfassend kann gesagt werden, dass man heute innerhalb der Linguistik *alle mündlichen wie schriftlichen Äußerungen* als *Text* ansieht, die kommunikativ funktionieren. Vom Umfang her kann dies von der Ein-Wort-Äußerung bis zum dicken Roman gehen. Dieser *weite Textbegriff*, zu dem auch bildlich vermittelte Texte und entsprechende Kombinationen gehören, sollte auch der Betrachtung von schriftlichen Texten zugrunde gelegt werden, die in der Schule entstehen. Die *kommunikative Funktion*, die Übermittlung einer Information, eines Anliegens steht im Mittelpunkt und damit *die Verständlichkeit eines Textes.*

Vereinfachtes Textmodell

Ich möchte in diesem Zusammenhang ein komprimiertes Textmodell vorstellen. Es gibt im Bereich der Textlinguistik mehrere Theorien darüber, was denn die Texthaftigkeit eines Textes ausmache. Wie so oft, ist an jeder Theorie „was dran", wenn auch oft nur ein Aspekt im Vordergrund steht. Aus verschiedenen Modellen wurde eine Art Grundkonsens ermittelt und daraus ein entsprechendes Modell konstruiert (Ader/Kress 1980).

Textteile sind miteinander verknüpft

So ist ohne weiteres einsichtig zu machen, dass jeder Text in sich verknüpft ist, dass seine Einzelteile miteinander verbunden, aneinander angeschlossen sind. Diese *Verknüpfungsleistungen* werden mit den Fachbegriffen *Kohärenz* und *Konnexion* bezeichnet.

Dass dies auf verschiedenen Ebenen passiert, erscheint ebenfalls einleuchtend. Aufgrund unserer *Texterfahrungen*, vor allen Dingen aufgrund unserer *Leseleistungen*, sind uns diese Ebenen implizit längst geläufig. Wir haben keine Schwierigkeiten damit ein *Pronomen* zu verstehen, es auf das zugehörige *Nomen* zu beziehen. Ebenso sind uns die *Konjunktionen*, die Bindewörter, mitsamt ihrer Funktion längst bekannt. Auch pflegen wir unbekannte Nomen mit dem *unbestimmten Artikel* einzuführen (wenn wir einen Text schreiben) und mit dem *bestimmten Artikel* fortzufahren und damit zu verknüpfen. Diese soeben erläuterten *Verknüpfungsleistungen* erfolgen *auf der syntaktischen Ebene*, der Ebene des Satzbaus.

Wörter verweisen auf etwas/wir bilden Vorstellungen aus

Mit Pronomen, Artikelverwendung und Konjunktionen alleine könnten wir jedoch noch keine kompletten Verknüpfungsleistungen erbringen. Wir haben immer auch die *inhaltliche Spur* im Blick, die *Bedeutungsebene*, die *Semantik*. Auch und gerade auf dieser Ebene erfolgen *Verknüpfungen*, die jedoch ohne eine *Vorstellung*, die wir mit den jeweiligen Begriffen verbinden, nicht möglich wäre. Wir verbinden z. B. „im Bilde sein" und „kennen", weil uns beide Ausdrücke geläufig sind und wir uns etwas darunter vorstellen können. Kinder, denen „im Bilde sein" nichts sagt, weil sie diesem Ausdruck noch nicht begegnet sind (so in einer fünften Klasse), können hier auch nicht verknüpfen, es sei denn, es gelänge ihnen den unbekannten Ausdruck aus dem Zusammenhang zu erschließen. Voraussetzung für eine Verknüpfung auf der semantischen Ebene sind also *Vorstellungen*, die *mit Wörtern* bzw. sprachlichen Ausdrücken *verbunden* sind. Diese Vorstellungen werden als *Referenz* bezeichnet: Wir beziehen uns, wir referieren bei unserer Vorstellung auf ein Objekt der Realität bzw. unseres Wirklichkeitsmodells.

Ich beziehe mich hier auf Erkenntnisse des Konstruktivismus, wonach jeder Mensch seine eigene Wirklichkeit hat bzw. sich schafft und somit absolute Ojektivität nicht gegeben ist. Dadurch dass Menschen auch kulturell geprägt werden bzw. in einer bestimmten Gesellschaft sozialisiert werden, entstehen Übereinstimmungen in den Wirklichkeitsmodellen.

Wenn wir im Rahmen unserer *Verknüpfungsleistungen* auf der Vorstellungsebene Wörter in einen Zusammenhang bringen, so ist dies noch nicht alles. *Vorstellungen von Tatbeständen* (pragmatisches Wissen), wie der Zusammenhang von „Auf die Schulter schlagen" und „begrüßen", die wir aus unserem Alltagswissen abrufen, werden ebenfalls miteinander verbunden.
Außerdem kommt unser Text-Wissen zum Tragen, unser Wissen darum, dass Text in *Abschnitte* gegliedert werden kann und wir diese zu deuten wissen und *in einen Zusammenhang bringen,* also *verknüpfen* können. Im Rahmen dieser Verknüpfungsleistungen bewegen wir uns auf der *pragmatischen Ebene* (die dritte Ebene neben Syntax und Semantik).

Exkurs:
Linguistische Pragmatik: unser Alltagswissen von Sprache/unsere Sprachverwendung

Der Aspekt des alltagssprachlichen Sprachwissens, der Sprachverwendung ist der der pragmatischen Textebene. Hierher gehört auch die *Entschlüsselung bestimmter Absichten*, wie die der Aufforderung, die in syntaktisch unterschiedlicher Form erfolgen kann: Können Sie mir die Uhrzeit sagen? *Formal-syntaktisch eine Frage*, inhaltlich, *pragmatisch* bzw. kommunikativ betrachtet eine *Aufforderung*, die im allgemeinen auch als eine solche erfasst wird.
Wenn die Mutter in Anwesenheit ihres Kindes sagt: „Es sind keine Kartoffeln mehr oben", dann bedeutet dieser *Aussagesatz* eine *Aufforderung* in Richtung auf das Kind. Diesbezügliche *sprachliche Erfahrungen* haben sowohl Erwachsene als auch Kinder reichlich gemacht. In mündlichen, *lebenspraktischen Situationen* bereitet die Entschlüsselung im allgemeinen keinerlei Schwierigkeiten. Beim *Lesen*, beim Rezipieren von schriftlichen Texten, gehört hierzu manchmal ein größerer Grad von Bewusstheit. („Hörst du, wie das Feuer …?" ist eben keine echte Frage, sondern eine Aufforderung die entsprechende Vorstellung zu entwickeln.)

Ergebnis der Lese-Arbeit: Verstehen von Texten/Realisieren der Text-Konsequenz

Haben wir als Lesende, als Rezipienten von Texten, *alle Verknüpfungs- und Vorstellungsleistungen* erbracht, so kommen wir zu einem Ergebnis: Wir finden heraus bzw. wir haben erfasst, was im Text mitgeteilt wird (Es ist hierbei einleuchtend, dass aufgrund der komplizierten Materie und der Basis der gesamten individuellen Sprach- und Lebenserfahrungen und deren Unterschiedlichkeit nie 100% dessen entschlüsselt werden kann, das verschlüsselt wurde). Dieses Erfassen, dieses Herausfinden der *„Textkonsequenz"*, wie der Fachbegriff lautet, ermöglicht uns das *Verstehen eines Textes*.
Wenn wir alle Leistungen vollbracht haben, wissen wir, was mitgeteilt werden sollte, ob dieser Text uns zum Lachen, Weinen, Nachdenken etc. bringt. Die *Wirkung eines Textes* ist, da auch unsere eigenen Wirklichkeitsmodelle differieren, nie identisch. Wir finden jedoch Anhaltspunkte – vor allem in der sprachlichen Gestaltung – für *Intentionen der Schreibenden*, für Anstöße sich in ihr Wirklichkeitsmodell hineinzufinden.

Text als Anweisungsstruktur für Leserinnen und Leser

	Konnexion/Kohärenz (Verknüpfung)	**Referenz** (Vorstellung)	**Konsequenz** (Funktion, Wirkung)
Syntax (Satzbau)	X		
Semantik (Bedeutung)	X	X	
Pragmatik (sprachliches Handeln)	X	X	X

	Konnexion/Kohärenz (Verknüpfung)	**Referenz** (Vorstellung)	**Konsequenz** (Funktion, Wirkung)
Syntax (Satzbau)	Pronomen, Konjunktionen, unbest./best. Artikel etc.		
Semantik (Bedeutung)	inhaltliche Anschlüsse	bekannte, passend platzierte Wörter, deren Bedeutung im Kontext festgelegt wird	
Pragmatik (sprachliches Handeln)	Text-Aufbau, Anbindung von Abschnitten/Textteilen	Verstehen der Abschnitte, Unterthemen; Erfassen von Ironie, Metaphern etc.	Wirkung des Textes: Lachen/Weinen/ Nachdenken etc.

An einem Textbeispiel soll das in der Tabelle Zusammengefasste noch einmal konkretisiert werden.

Der Stein

Ein kleines Steinchen rollte munter
von einem hohen Berg herunter.
Und als es durch den Schnee so rollte,
ward es viel größer als es wollte.
Da sprach der Stein mit stolzer Miene:
„Jetzt bin ich eine Schneelawine.“
Er riss im Rollen noch ein Haus
und sieben große Bäume aus.
Dann rollte er ins Meer hinein,
und dort versank der kleine Stein.

Joachim Ringelnatz

Die *Verknüpfung auf der syntaktischen Ebene* ist klar zu erkennen:
Ein ... Steinchen – es – es – der Stein – er – er – der Stein,
ebenso die auf der *semantischen*: Steinchen – rollen – größer – Schneelawine – riss aus – im Rollen – rollte ...

Auch die *Verknüpfung auf der pragmatischen Ebene* (einschließlich der dazugehörigen Vorstellungen, wie auch bei der semantischen Verknüpfung) ist aufgrund der klaren Gliederung in fünf „Abschnitte", den „kleinen" Anfang und das „kleine" Ende ohne Schwierigkeiten zu vollziehen.
Hat man also alle Verknüpfungs- und Vorstellungsleistungen erbracht, so wird die *Textkonsequenz* deutlich: Dies ist nicht der Bericht von einem Lawinenunglück, sondern eher ein Text „zum Nachdenken", zum Schmunzeln.
Welche persönliche Interpretation dieser „Konsequenz" folgt, ist ein anderes Thema.
Dieses knapp zusammengefasste *Textmodell* kann als Basis für die Analyse von Kindertexten dienen. Damit ist der Kernpunkt der Betrachtung von Texten der der *Verständlichkeit* und damit einer *Richtigkeit im grammatischen, regulativen Sinne.* Es geht hier allerdings nicht um einen eingeschränkten Grammatikbegriff, reduziert bzw. gleichgesetzt mit Syntax, sondern um die Reflexion bzw. Analyse von *Regularitäten in Texten.*
Mit Hilfe dieses vereinfachten Textmodells ist es m. E. ohne weiteres möglich festzustellen, ob es sich bei einem vorgelegten Produkt tatsächlich um einen Text handelt, einen *Text*, der entsprechend den o. a. Kriterien im *grammatischen Sinne* als *richtig* bezeichnet werden kann. Auf dieser Grundlage könnte das Unbehagen an den mehr oder weniger persönlichen Kriterien für eine Textbewertung – wie auch für die Feststellung von Überarbeitungsbedürftigkeit – m. E. zumindest teilweise überwunden werden.
Einschränkend muss jedoch darauf hingewiesen werden, dass mit Hilfe dieses vereinfachten Textmodells nicht alle möglichen bzw. denkbaren Texte erfasst werden können. So gibt es sicherlich *Grenzen der Anwendung* bei lyrischen bzw. poetischen Texten. Kommen wir zurück auf unsere Absicht den Umgang mit Kindertexten auf eine solidere Basis zu stellen, so kann uns das vorgestellte Textmodell helfen Kindern mehr Gerechtigkeit widerfahren zu lassen, ihre *Leistungen* tatsächlich zu *würdigen* und nicht vorschnell negativ – und damit oft falsch – zu bewerten.

7.1.2 Tradierte Forderungen überprüfen

An diesem Punkt rückt eine weitere *tradierte* (und nicht auszurottende) *schulische Norm* ins Blickfeld und zwar die Forderung, dass der Mensch, respektive das Kind, in vollständigen Sätzen zu sprechen und zu schreiben habe.
Die Unsinnigkeit dieser Forderung wird schon an der alten Anekdote über einen Professor deutlich, der seine zukünftige Braut fragt: „Liebst du mich?" Antwort: „Ja." „Sprich im ganzen Satz!"
Abgesehen davon, dass *„Sätze"* rein *grammatische Einheiten* sind – nachträglich konstruierte Regularitäten –, tätigen wir *im Alltag* mehr oder weniger gut *funktionierende Äußerungen*. In welchen syntaktischen Formen diese erfolgen und in welchen Ausprägungen bei welcher Gelegenheit, ist höchst unterschiedlich. Hier ist es ähnlich wie mit den „bösen Wörtern": Entscheidend ist der Kontext, d. h. in unterschiedlichen Zusammenhängen werden unterschiedliche Formen bzw. Ausarbei-

tungen von Satzmustern verwendet. Auch diese feinen Unterscheidungen können Kindern vermittelt werden.
Den folgenden Text schrieb ein Kind, nachdem die ganze Klasse eine Orgel besichtigt hatte. Es handelt sich übrigens um die Original-Rechtschreibung und Zeichensetzung (Es fehlt lediglich ein Doppelpunkt im letzten Satz).

Die Orgel
Heute haben wir eine Orgel besichtigt.
Toll war, daß sie 1618 Pfeifen hatte.
Manchmal war es schrecklich laut.
Zwei Tastaturen.
1618 Pfeifen, der Preis eines Reihenhauses
und die Töne!
Irre! Im ganzen es hat Spaß gemacht.
(David, 3. Klasse)

Der Kommentar der – wohlmeinenden – Lehrerin unter diesem Text: „Du schreibst im Telegrammstil. Das ist gar nicht „irre“! Bilde ganze Sätze und verbinde diese geschickt.“
In diesem Falle irrt nur eine und das ist die Lehrerin. Man muss nicht wissen, dass die ihr aufgefallenen verkürzten Sätze in der Fachsprache *„Ellipsen“* heißen. Diese *Unwissenheit darf* jedoch *nicht zur Bewertungsnorm erhoben werden*. Ellipsen sind im mündlichen wie im schriftlichen Sprachgebrauch durchaus und seit langer Zeit üblich (schriftlich bereits bei Goethe zu finden). Im Mündlichen sicherlich häufiger eingesetzt, da hier das „fehlende“ Stück Mitteilung im Allgemeinen aus dem situativen *Kontext* erschlossen werden kann. Aber auch im Schriftlichen gebräuchlich, da hier das „fehlende“ Satzglied aus dem Text-Kontext erschlossen werden kann.
Interessant wird es, wenn wir die *Funktion dieser Ellipsen* betrachten. Viele Erwachsene – Kolleginnen und Kollegen –, denen ich diesen Text in vielen Jahren vorgelegt habe, kamen zu dem Ergebnis, dass das Kind hier sein *Beeindrucktsein* wiedergibt. Durch welche *sprachlichen Mittel* geschieht dies?
In erster Linie durch die Verwendung der Ellipsen, die den Eindruck von Mündlichkeit sowie von Spontaneität erzeugen. Hinzu kommt die Verwendung der *persönlichen Sprache*: „Irre“. An dieser Stelle wird deutlich, dass der Text bereits 10 Jahre alt ist. Denn heute würde das Kind sicherlich, orientiert an der derzeitigen Gruppensprache („Soziolekt“), den Ausdruck „geil“ verwenden. Wenn man einen Eindruck wiedergibt, so hat dies auch eine emotionale Qualität (die persönliche Sprache für den persönlichen Eindruck). *Parallelismus und Wiederholung* bewirken ein Übriges bei der Entstehung der Anmutung/Wirkung des Beeindrucktseins bei der Leserin bzw. dem Leser.
Zeitweise wurde auch unterstellt, dieser Text sei unverständlich und müsse in dieser Hinsicht überarbeitet werden. Für die Feststellung von *Stimmigkeit/Korrektheit im grammatischen Sinne* – gibt es jedoch sachbezogene Kriterien, die durch textlinguistische Erkenntnisse – wie das vorgestellte Textmodell – zur Verfügung gestellt werden.

Betrachten wir die Verknüpfungen in diesem Text:

Syntaktische Ebene:

- Nomen und Pronomen (Orgel – sie);
- Demonstrativpronomen: „Orgel/Pfeifen ... (erzeugen Töne)“ zusammengefasst in „es“;
- durch die Ellipsen „Zwei Tastaturen“ ... „1618 Pfeifen“ ... „Irre“ fehlen die entsprechenden verknüpfenden Pronomen (*Sie* hatte 1618 Pfeifen), sind aber aus dem Kontext zu erschließen.

Semantische Ebene:

- Orgel – Pfeifen – laut – Tastaturen – Pfeifen – Töne –
- Zusammenfassung der Eindrücke in: „Irre“;

Pragmatische Ebene:

- „Klassischer“ Einleitungssatz, ähnlicher Schlusssatz als „Klammer“; dazwischen die beschreibenden Informationen mit Wertung (So teuer ist eine Orgel! So viele Pfeifen hat sie! So laut kann man darauf spielen! Solche Töne kann man damit erzeugen!).

Die Aussagesätze, die vordergründig den Eindruck von nüchterner Beschreibung erwecken, haben eine ganz andere Funktion, wie aus der Gestaltung (elliptisch) hervorgeht: Sie sind eher Appelle, Aufrufe sich das Ganze vorzustellen (Verweis auf das eigene Wirklichkeitsmodell, Referenz), wie in Satz 5 und 6 deutlich wird, unterstrichen durch die Ausrufezeichen. Damit sind wir zur *Textkonsequenz* gekommen, wir haben erfasst, dass der Junge *beeindruckt* war und wodurch.
Auf der semantischen bzw. pragmatischen Ebene wurde uns das *Verständnis* dadurch ermöglicht, dass wir *Bezüge zu unserer Lebens- und Spracherfahrung* herstellen konnten: Wir wissen bereits, was eine Orgel ist, auch kennen wir ein Reihenhaus und sind über die entsprechenden Preise informiert. „Neu“ sind die gezielten Hinweise (Zwei Tastaturen im Gegensatz zum Klavier, das der Junge vielleicht kennt.), die neu hergestellten Zusammenhänge in diesem individuellen Text (Der Preis eines Reihenhauses in Bezug zu einer Orgel – hier können wir „nebenbei“ *Rückschlüsse auf die Lebenswelt des Kindes* ziehen!). Ein anderes Kind hätte sicherlich andere Vergleiche gewählt, sich anderer sprachlicher Muster bedient etc. entsprechend seiner anderen Welterfahrung.
Am Beispiel dieses Orgel-Textes wird deutlich, welches *Potential in Kindertexten* steckt, wie individuell diese geprägt sind, wie wichtig es somit ist *sich in diese Texte hineinzudenken.*

7.1.3 Textnormen reflektieren

Die Vorstellungen davon, was Kinder wissen bzw. beherzigen müssten, um einen guten Text zu schreiben, ist in vielen Klassenräumen auf Plakaten zu lesen, die so oder ähnlich aussehen:

Du darfst dich nicht wiederholen.
Keinen Satz mit „Und“ anfangen.
Wähle wechselnde Satzanfänge.
Kein Zeitwechsel!
Setze die wörtliche Rede ein.
Verwende treffende Verben und schmückende Adjektive.
Achte auf den Spannungsbogen:
Der Höhepunkt der Geschichte soll in der Mitte sein.

Ich weiß sehr wohl, welches ehrliche Bemühen um eine Verbesserung der Schreibfähigkeiten hinter diesen Plakaten steht. Dennoch sind die Aufforderungen bzw. Vorgaben in dieser Form unhaltbar und *schlichtweg falsch*.
Wenn Kinder bei ihrer Lektüre – z. B. in Lesebuchgeschichten – feststellen, dass bezahlte Autorinnen und Autoren sehr wohl Wiederholungen verwenden, ebenso Satzanfänge mit „Und“, dass keineswegs in jedem Text wörtliche Rede vorkommt und diesen schöner macht (Sachtexte kommen gewöhnlich ganz ohne wörtliche Rede aus!) und so weiter, so entstehen kognitive Dissonanzen. Ein Kind, das nachdenkt, fängt sozusagen an, an seinem Verstand (oder an der Schule) zu zweifeln.
Die Rigidität der Behauptungen, die im Rahmen der o. a. Plakate deutlich wird, ist *sachlich nicht haltbar*. Dies wissen auch die entsprechenden Kolleginnen und Kollegen. Wir alle, die wir Literatur bzw. Texte rezipieren, wissen, dass z. B. Parallelismus und Wiederholung als Stilmittel eingesetzt werden können. Dass dies auch in Kindertexten so sein könnte, wird oft nicht für möglich gehalten. Es wird eine wie immer geartete „Richtigkeit“ unterstellt, die die Kinder erst einmal zu lernen hätten (Autorinnen und Autoren „dürfen“!). Ausgangspunkt dieser Denkweise scheint mir eine eingeengte Lernzielorientierung vergangener Zeiten zu sein: Das Kind kann und darf nur können, was ihm in der Schule und durch die Lehrperson vermittelt wurde. Gott sei Dank ist dies nicht der Fall! Wo und in welchen Zusammenhängen Kinder was lernen ist uns zum großen Teil verschlossen („Man guckt keinem in den Kopf“, vgl. auch Pinker 1996).
Kinder zeigen bereits in Klasse 1 und 2 erstaunliche Leistungen im Hinblick auf sprachliche Gestaltung (Wiederholung als Stilmittel, Tempuswechsel passend eingesetzt etc.), wenn man ihnen die entsprechenden Freiräume gewährt. Wie bewusst Kinder dies tun ist unerheblich, entscheidend ist die Frage der Wirkung im Text. Wir müssen also lernen uns zu fragen, welche Funktion bestimmte sprachliche Mittel haben. Wir müssen Differenzierungsvermögen entwickeln und an die Kinder weitergeben.

Wiederholungen

Am Beispiel der Wiederholungen wird dieser Aspekt des differenzierten Betrachtens besonders deutlich.
Wir müssen drei Arten von Wiederholungen unterscheiden:
- die Wiederholung ist Stilmittel: sprachliche Wirkung!
- die Wiederholung ist unerheblich;

– die Wiederholung wird als störend empfunden
  (von Schreibenden und/oder Lesenden).

Ein Beispiel dafür, dass der Kindertext durch die eingesetzten Wiederholungen erst die entsprechende Wirkung entfalten kann:

Der Teddybär
Er lag in einer großen Wiese in einem großen Wald. Er lag und lag. Ein Bein war hoch, und das andere Bein war unten. Und es hatte geregnet. Der Teddybär war ganz verschrumpelt. (Thomas, 2. Klasse)

Oft ist eine *Wiederholung unerheblich, weil die Sache so heißt wie sie heißt*:
Im folgenden Text von Jan (3. Klasse; Schreiben zu einem Schuh: ein Berg alter Schuhe als Schreibanlass) sind die Schuhe Schuhe und bleiben Schuhe …

Die Schuhe
Es lebte mal in der Großstadt New York ein Mann, und er war ein Millionär. Er ging mal in einen Schuhladen. Da waren ganz tolle Schuhe. Ihm gefiel ein Schuhpaar so gut, daß er das Paar gekauft hat. Aber die Schuhe, die er gekauft hat, waren gar nicht so billig. Die Schuhe haben 500 DM gekostet. Am nächsten Tag ging er wieder vorbei. Da hat er dieselben Schuhe gesehen, die er gestern gekauft hatte, aber sie waren billiger und kosteten nur 431 DM. Da ging er nach Hause und hat sich den ganzen Tag geärgert.

In einer Geschichte von einem Fünfmarkstück wäre es lachhaft den Ausdruck „Fünfmarkstück“ zu ersetzen, um Wiederholungen zu vermeiden: „das Geldstück, die Münze, das Zahlungsmittel…“; auf diese Weise entstehen zeitweilig merkwürdige Textkonstruktionen von unfreiwilliger Komik.
Ein weiteres Beispiel für die unsinnige Forderung prinzipiell Wiederholungen zu vermeiden, ist eine Wortschatzübung zum Bereich „Gehen“ im Zusammenhang mit einer Wegbeschreibung (So geschehen in einer fünften Klasse!): Nachdem man um die Ecke gegangen ist, schlendert man an dem Hochhaus vorbei, rennt bis zur nächsten Kreuzung, schreitet über den Zebrastreifen usw. Die Texte, die dann entstehen, haben nichts mehr mit einer wie immer gearteten Lebenswirklichkeit zu tun (Wie geben Sie eine Wegbeschreibung??).
Das Kind, das den folgenden Text geschrieben hat, erzählt von Sonne und Mond, die jeweils scheinen, von der Sonne, die untergeht und später untergegangen ist. Welch merkwürdiges Ansinnen, die wiederholten Verben ersetzen zu sollen, um

Wiederholungen per se zu vermeiden (entsprechend der plakatierten Forderung: die „Schere im Kopf“ mancher Kinder!).

Tomi, 3. Klasse, automatisches Schreiben zu „Sonne“ – Stichworte: Gelb – Himmel – Wolken:

Die Sonne scheint am Himmel gelb. Wenn sie aber untergeht, ist sie orange. Abends, wenn die Sonne schon untergegangen ist, kommt der Mond und scheint.

Beim Text von Markus (2. Klasse, Schreiben zu eigenen Kinderfotos) ist die Frage, ob das dreimal verwendete „immer“ als Stilmittel betrachtet werden kann, ob die Wirkung des Textes davon abhängt: Die Thematisierung dessen, was den Bruder „genervt“ hat. Auf keinen Fall ist die Verwendung des „immer“ zu kritisieren, denn setzte man „dann“, „oft“ (Oder was fällt Ihnen als Ersatz ein?) oder Ähnliches ein, so verlöre der Text an Intensität.

Ich war zwei Jahre alt, und ich wollte nicht einschlafen. Mein Bruder mußte mich immer schaukeln. Ich bin immer aus meinem Laufstall geklettert und mein Bruder mußte mich immer reinheben.

Wiederholungen – störend?

Werden Wiederholungen als störend empfunden (Geschmacksfrage der Lehrperson oder Bedürfnis der Schreibenden?) bzw. möchte das schreibende Kind etwas anderes ausdrücken, so können nur individuelle Hilfen im Hinblick auf den jeweiligen Text gegeben bzw. entsprechende Vorschläge gemacht werden.
Wie schon gesagt treibt gerade die schulische Forderung Wiederholungen auf jeden Fall zu vermeiden merkwürdige Blüten: In Texten von Kindern aus vierten Klassen kommen Wiederholungen oft überhaupt nicht mehr vor, das heißt, dieses Gestaltungsmittel steht den Kindern nicht mehr zur Verfügung!

Satzanfänge mit „Und“

Dass man keinen Satz mit „Und“ anfangen dürfe, ist ebenso fragwürdig wie die Sache mit den Wiederholungen. Wir wissen alle aus unserer täglichen Lektüre und unserer Schreiberfahrung, dass „Und“ zu den akzeptierten Satzanfängen gehört. Warum sollte man beispielsweise im folgenden Text von Philipp den Satzanfang mit „Und dann“ streichen?

Philipp, 2. Klasse (Schreibanlass: Tulpenzwiebeln)

Aus einer Tulpenzwiebel kommt eine Tulpe raus. Erst ist sie zu. Und dann geht sie langsam auf, und wenn sie dann blüht, dann sieht sie schön aus.

(Punkte wurden von Philipp gesetzt!)
Philipp hat im übrigen sein Anliegen durch eine Zeichnung unterstrichen!

Dass ein Satzanfang mit „Und“ zu den textualen Gestaltungsmöglichkeiten gehört, wird am Text von Sarah (3. Klasse, Schreibanlass: Schuh) deutlich: Ließe man die beiden Satzanfänge mit „Und“ weg (was möglich wäre), so verlöre der Text einiges von seinem Charme.

Der Schuh
Als wir in einen Schuhladen gegangen sind, da habe ich einen Schuh gesehen. Und meine Mutter hat mir die Schuhe gekauft. Und ich habe die Schuhe immer wieder angezogen, bis die kaputt waren.

Man stelle sich vor: Schuhe wurden entdeckt und die Mutter hat sie tatsächlich gekauft! Und diese Schuhe wurden dann so geliebt, dass sie besonders häufig angezogen wurden!

Ähnlich ist es beim Text von Anne (3. Klasse):

Ich habe mit meiner Mutter Schuhe gekauft. Und ich habe mir selbst die Schuhe ausgesucht. Und zu Hause habe ich die Schuhe sofort meinem Papa gezeigt. Und mein Papa fand die Schuhe auch schön. Ich habe sie am nächsten Tag angezogen. Beim Spaziergang hatte ich meine neuen Schuhe an.

Man beachte die elegante Verknüpfung vom vorletzten zum letzten Satz: ... am nächsten Tag, also so bald wie möglich, wurden die Schuhe angezogen, und zwar beim Spaziergang, wo sie vermutlich gebührend bewundert werden konnten (eine kleine Genugtuung: Da hatte ich sie an!).
Die schulische Forderung, dass kein Satz mit „Und" beginnen möge, geht zurück auf die Erfahrung, dass manche Kinder Texte schreiben, die eine Aneinanderreihung von „Und dann ... und dann ..."-Sätzen darstellen.
Zu fragen ist wo die Ursachen liegen. Es könnte sein – und Beobachtungen legen dies nahe –, dass besonders die Kinder, die über eine intensive mündliche Vorarbeit zum Schreiben geführt werden, diese Form wählen. Im Mündlichen ist dies ja eine „klassische" Erzählweise. Denkbar ist, dass Kinder diese mündliche Form auf die schriftliche übertragen.
Die o. a. Erzählweise gilt auch als typisch für jüngere Kinder (vgl. Ludwig 1986). Ich habe allerdings festgestellt, dass manche Kinder nie in dieser Art schreiben, andere dies offensichtlich auch nicht durchgehend tun, sondern überwiegend dann, wenn sie mit einem Schreibthema wenig anfangen können bzw. wenn eine Reihung im Thema begründet liegt.

Im Text von Jan geht es um eine zeitliche Abfolge, eine Aneinanderreihung von Aktivitäten. Wäre es tatsächlich sinnvoll alle „Und“ sowie „Dann“-Anfänge zu streichen bzw. zu ersetzen, würde der Text dadurch interessanter/ansprechender (was eine Geschmacksfrage ist!)?
Der Text von Jan (3. Klasse) entstand im Zusammenhang mit „Automatischem Schreiben“ zum Thema „Sonne“. Seine Stichworte waren: warm – warmes Auto – warmes Meer.

Der Mann
Es war einmal ein Mann, der fand die Sonne toll, weil sie Wärme auf die Erde bringt. Einmal wollte er ans Meer fahren, weil ein schöner Tag war. Er ging zu seinem Auto und stieg ein. Aber sein Auto war ganz warm und er mußte sich dran gewöhnen. Und er fuhr ans warme Meer. Und er schwamm rum. Dann wurde ihm langweilig und er ging sich ein Eis holen. Dann leckte er das Eis auf. Und dann schwamm er weiter. Und wo es Abend wurde, fuhr er nach Hause.

Jan

Sonne - Mond - Sonnenbrand - Sterne - Sonnenlicht -
Warm - Warmesauto Warmesmeer

Der Mann

Es war mal ein Mann der fant die Sonne toll weil
sie wärme auf die Erde bringt. Einmal wolte er
ans meer fahren weil ein schöner Tag ist
er ging zu sein Auto und stiegrein aber sein Auto
war ganz warm und mußte sich dran gewönen.
Und fuhr ans warmemeer. Und er schwamm
rum dann wurde ihn langweilig und ging
sich ein eis holen dann lecker er das eis auf und
dann schwamm er weiter und wo es
abend wurde fuhr er nach Hause.

Auch dann, wenn die „Und dann …“-Schreibweise verändert werden soll, wenn sie die einzige Art des Schreibens darstellt (in Klasse 3 oder 4), sind negative Sanktionen in keinem Falle angebracht, sondern eher „sanfte“ Hinweise, dass diese „Gedankenwörter“ (Spitta) beim Schreiben auch weggelassen werden können.
Das heißt jedoch nicht, dass eine grundsätzliche Ächtung des „Und“-Anfanges erfolgt!
Sonst kann beispielsweise das passieren, was ich bei der gemeinsamen Lektüre eines Lesebuchtextes erlebte: Jeder Abschnitt des Textes begann „Und im nächsten Jahr …“ (Heinrich Hannover: Herr Böse und Herr Streit).
Die Kinder meldeten lautstark Protest an: „Man darf keinen Satz mit „und“ anfangen und wiederholen darf man sich auch nicht!“ Was hier eingetreten ist, ist die bereits erwähnte „kognitive Dissonanz“: Eine intensive Irritation, da das, was die Kinder bei ihrer Klassenlehrerin gelernt hatten mit dem, was im Lesebuch als offizielle Instanz präsentiert wurde, nicht übereinstimmte.
Es kann jedoch nicht unser Ziel sein Kinder zu verwirren bzw. einem eingeschränkten Denken Vorschub zu leisten. So wenig wie wir den Kindern im Mathematikunterricht beibringen, dass 2 und 2 vorübergehend 5 ist, so wenig sollten wir ihnen unzulässige Vereinfachungen im Sprachunterricht vermitteln.

Wechselnde Satzanfänge

Die Forderung wechselnde Satzanfänge zu platzieren, steht oft im Zusammenhang mit der Forderung nach Vermeidung des „Und“ sowie der Wiederholung. Auch diese Setzung ist zu pauschal.
Wechselnde Satzanfänge sind kein „Wert an sich“. Parallele Konstruktionen haben Bedeutung in Texten: In der Geschichte von Herrn Böse und Herrn Streit wird durch die mehrmalige Wiederholung des „Und im nächsten Jahr …“, wird durch die parallele Konstruktion die Eskalation des dargestellten Streites unterstrichen (Der Apfelbaum auf der Grenze führt zum Konflikt). Derartiges sollte im Unterricht (vor allem in den Klassen 3 und 4) thematisiert werden, um Aufmerksamkeit für sprachliche Gestaltungsmöglichkeiten zu wecken, und zwar sowohl bei der Lektüre von Unterrichtstexten als auch bei der Auswertung von Kindertexten.

Tempuswechsel

Erfahrungen in vielen Grundschulklassen zeigen, dass schon Kinder in den Anfangsklassen in der Lage sind Tempuswechsel so einzusetzen, dass seine Funktion im Text – es beginnt etwas Neues, wir „springen“ mitten hinein in eine Situation etc. – deutlich wird. Wenn Kinder intuitiv hierzu in der Lage sind, so sollten ihre diesbezüglichen Fähigkeiten auf keinen Fall auf eine grob vereinfachte Form von Texten zurückgeschraubt werden.
Natürlich gibt es auch den Fall, dass Schwierigkeiten im grammatischen Bereich bestehen, dass die Bildung von Vergangenheitsformen nur unzureichend bewältigt wird und deshalb Verben sozusagen „versuchsweise“ in dieser und jener Form verwendet werden. Dann erfolgt – ohne große Diskussionen – eine Korrektur, ähnlich

der Korrektur von falschem Fallgebrauch etc. Eine Unterscheidung ist bei vorliegenden Kindertexten zumeist ohne besondere Analysefähigkeiten möglich, wenn man sich erst einmal auf die Kindertexte „einlässt“.

Verena (3. Klasse) hat einen Text geschrieben (Thema: Schule, Schreiben zum Stichwort), in dem der Tempuswechsel eine deutlich sichtbare Funktion hat:

Schulranzen
Mein Schulranzen ist immer unordentlich. Manchmal vergesse ich, mein Mäppchen zuzumachen. Dann fiel der Radiergummi raus und ich merkte gar nicht, daß er weg war.

Verena schildert zuerst einen Zustand (ihre Unordentlichkeit bzw. Vergesslichkeit), dann ein Erlebnis, das die Konsequenzen zeigt (Radiergummiverlust). Das „Dann“ ist in diesem Falle nicht ganz passend, man müsste nachfragen, ob es sich nicht vielmehr um ein Beispiel handelt. Dann könnte gleich noch ein Absatz hinzukommen und der Text wäre klar in die beiden thematischen Aspekte gegliedert: die Unordentlichkeit an sich … Einmal …
Unsinnig ist auch die Vorgabe in einem bestimmten Text ausschließlich *Präteritum* zu verwenden. Das *Perfekt* stellt die übliche Erzählform dar, im Mündlichen in jedem Falle, aber häufig auch im Schriftlichen. Wird von persönlichen Erlebnissen erzählt, so ist die Verwendung von Präteritum (wie in Märchentexten oder im Antimärchen „Spuren“ – Schreiben zum situativen Stichwort –) oder Perfekt Sache des Autorenkindes.

Wörtliche Rede

Ähnlich wie bei allen vorhergehenden normativen Setzungen im Hinblick auf die Gestaltung von Texten ist auch die Forderung wörtliche Rede einzusetzen, so generell nicht haltbar. Natürlich gibt es Texte, die durch den Einsatz von wörtlicher Rede „lebendiger“ werden. Auf der anderen Seite gibt es Kindertexte ganz ohne wörtliche Rede, die an Lebendigkeit nichts zu wünschen übrig lassen (s. Text „Geschwisterstreit“ auf S. 134).
Außerdem bezieht sich der Hinweis auf *wörtliche Rede* implizit auf *eine einzige Textsorte*, nämlich die Erzählung. Damit wird das restliche Spektrum schriftlicher Äußerungen (Sachtexte, appellative Texte, Meinungsäußerungen, Gedanken etc.) „außen vor“ gelassen.
Um Kindern die möglichen Wirkungen von wörtlicher Rede vor Augen zu führen, sollten entsprechende Texte von Kindern untersucht werden (s. Kap. 7.2.3, *Sensibel werden für Sprache*).
Hierbei fällt dann eventuell auf, dass Redebegleitsätze nicht immer nötig sind (und auch in der Schule nicht prinzipiell gefordert werden sollten). Moderne Autorinnen und Autoren bedienen sich seit längerem dieses Stils, d. h. Redebeiträge werden unverbunden nebeneinandergesetzt wie in einem Filmdialog. Zeitweilig werden sogar die Redezeichen weggelassen (auch in Kinderbüchern!).

Treffende Verben/schmückende Adjektive

Für die Verwendung von Adjektiven gilt ähnliches wie für die Verwendung von wörtlicher Rede. „Schmückende" Adjektive machen nicht jeden Text interessanter oder anschaulicher. Es kommt wie immer auf den jeweiligen Text an, ob Adjektive eine wichtige Funktion haben oder nicht. Einen Text mit Adjektiven „anzureichern" kann also keine sinnvolle Vorgabe sein.
Dass man mit Hilfe von Verben die Tatbestände, um die es geht, benennen kann, ist evident. Ich halte es jedoch für vollkommen verkrampft, wenn Kinder (auch um Wiederholungen zu vermeiden) in einem Text das Wörtchen „sagte" durch diverse Varianten von Äußerungen ersetzen sollen.

Spannungsbogen

Die Vorgabe eines Spannungsbogens, das sog. *„Mäusemodell"* mit dem Höhepunkt in der Mitte, ist ebenfalls so nicht haltbar. Wir alle wissen, vor allen Dingen aus den Medien Film und Fernsehen, dass der Höhepunkt sehr wohl am Schluss eines spannungsgeladenen Stückes liegen kann. Auch in unserer Text- bzw. Leseerfahrung finden wir dies bestätigt, wenn wir uns bewusst damit befassen und uns von unseren tradierten Schulnormen lösen.

Das eigene Repertoire erweitern

Selbst *sensibel* zu werden *für Textgestaltungs-Elemente*, aufmerksam zu rezipieren und zwar sowohl Texte von Erwachsenen als auch von Kindern ist die erste und wichtigste Voraussetzung für eine qualifizierte Textbetrachtung und damit auch für den Umgang mit Kindertexten.
Bevor wir nicht die *handlungsleitenden Normen* unserer Text-Bewertung und damit auch die Grundlage für eine Text-Überarbeitung *kritisch reflektiert* haben, hat es wenig Sinn neue Verfahren wie Schreibkonferenzen einzuführen. Werden unsinnige tradierte Normen nicht überprüft und unreflektiert vermittelt, so werden Kinder in die Irre geführt. Sie übernehmen diese durch nichts zu rechtfertigenden Setzungen und machen sie ihrerseits zum Ausgangspunkt ihrer Textbewertung. Auf diese Weise entsteht dann eine merkwürdig einheitliche Art von Texten, die eine Kollegin so treffend als *„Grundschulprosa"* bezeichnet hat.
Die Bemühungen, die positiven pädagogischen Gedankengänge, die hinter den am Anfang zitierten Plakaten stehen, sind mir durchaus bewusst. Ich möchte zum Nachdenken anregen, zum Nachdenken über die eigenen Schreib- und Schulerfahrungen, über unbefriedigende Vereinfachungen, darüber, wo die Fähigkeiten einzelner Kinder liegen und wie man diese entwickeln kann ohne ein- und beschränkende Vorgaben.

7.2 Mit Kindertexten umgehen

Wenn man mit Kindertexten umgeht, muss man sich zunächst einmal die *Unterschiede zwischen Kinder- und Erwachsenensprache* vor Augen führen:
Die Sprache von Erwachsenen hat zumeist einen größeren „Umfang“, z. B. mehr Verben, komplexe Verweisungs-, Verknüpfungs- und Progressionsstrukturen.
Es gibt unterschiedliche inhaltliche Akzentuierungen aufgrund *differenter Wirklichkeitsmodelle.* Erwachsene beherrschen zumeist eine größere Abstraktion bei zugleich größerer Detailfülle.
Die inhaltliche Kohärenz im Sinne von Plausibilität entsteht auf unterschiedliche Weise. Eine Handlungsfolge wird unterschiedlich interpretiert.
Kinder sind stärker Bildern verhaftet, sie geben weniger Begründungen. Die Reihung (Und dann ...) ist die typische Form der Erzählweise. Kinder wären daher kaum in der Lage eine Landschaftsbeschreibung anzufertigen!
Bedenkt man dies alles, so wird klar, warum es gar nicht so einfach ist Kindertexte zu verstehen! Und warum man, trotz allen Einfühlungsvermögens, immer wieder Irrtümern aufsitzt!
Aus diesen Erkenntnissen eine *Konsequenz* zu ziehen, heißt auch „vorsichtiger“ mit schnellen Bewertungen und Überarbeitungshinweisen umzugehen. Aus diesem Grunde möchte ich den Aspekt der stilistischen Überarbeitung ganz zurückstellen und statt dessen eine *textuale Überarbeitung/Korrektur* sowie die Thematisierung sprachlich besonders gelungener Textpassagen, d. h. *die Wirkung bestimmter sprachlicher Mittel,* vorschlagen.

7.2.1 Texte präsentieren und würdigen

Alle Kinder wollen ihren Text vorstellen

Wie bereits gesagt wollen Kinder, wenn sie einen Text verfasst haben, diesen präsentieren und gewürdigt wissen. Je kleiner bzw. jünger die Kinder sind, desto weniger schreiben sie „für sich“. *Kinder schreiben* im allgemeinen immer *„für andere“*, d. h. sie hoffen auf Interesse bei ihren Mitmenschen. Das schriftlich Formulierte, das Mitgeteilte, soll sofort und direkt mögliche Adressatinnen und Adressaten erreichen.
Hierbei spielt der Zeitfaktor eine entscheidende Rolle: Natürlich kann Schriftliches aufgehoben und zu einem viel späteren Zeitpunkt präsentiert werden. Das Bedürfnis der Kinder liegt allerdings darin sofort nach der Fertigstellung eines Textes diesen auch vorzuzeigen bzw. vorzulesen. Daher halte ich es für sinnvoll das *differenzierte Schreibende* generell einzuführen und grundsätzlich *allen Kindern Gelegenheit zu geben ihre Texte vorzulesen.*

Texte vortragen

Texte schriftlich zu präsentieren, auszutauschen und zu lesen ist erst möglich, wenn diese entschlüsselt werden können, d. h. wenn die rechtschriftliche Form hierzu die

Voraussetzung bietet. Daher wird es bis weit in *Klasse 3 und 4* (bei einigen Kindern vielleicht dauerhaft) nützlich sein die erste Präsentation und Würdigung, die Bestätigung für die geleistete Arbeit durch mündlichen Vortrag, durch das eigene *Vorlesen*, zu gestalten.
Hinzu kommt, dass Kinder beim Vorlesen oft Wörter ergänzen, Satzkonstruktionen verbessern etc., weil sie plötzlich merken, dass „etwas nicht stimmt". Wenn sie sich außerdem auf den Vortrag ihres eigenen Textes vorbereiten, so hat dieser oft eine wesentlich günstigere „Wirkung", da *Intonation*, Pausen etc. als zusätzliche Gestaltungsmittel hinzukommen.
Auf diesem Wege kann man geschickt *Satzzeichen als Anweisungen für die Lesenden* thematisieren und deren Gebrauch einführen. Dies kann u. a. durch den Vergleich einer Kassettenaufnahme und der kopierten Textvorlage geschehen.
Eine schriftliche Präsentation, die eventuell Korrekturen und Überarbeitung erfordert, steht zumeist im Zusammenhang mit der Veröffentlichung von Texten (s. Kap. 8, *Texte veröffentlichen*).

Interesse wecken

Hat das *Schreiben* eine *Bedeutung*, ist es nicht nur Übung „L'art pour l'art", so ist auch die Neugier der anderen Kinder (und der Lehrperson) naturgemäß gegeben. *Je vielseitiger und damit überraschender denkbare Texte sind, desto stärker kann sich das Interesse entfalten.* Beide Seiten sollten gleichmäßig „bedient" werden: Das Bedürfnis nach *Bestätigung* wie auch das wachsende *Interesse* an den Mitteilungen anderer.

Kinder interessieren sich für Inhalte

Die häufig aufgestellte Forderung, Kinder brauchten für das Zuhören eine Aufgabenstellung, geht m. E. an deren Bedürfnissen und Möglichkeiten größtenteils vorbei. Zuerst einmal sind Kinder im Allgemeinen am Inhalt des Mitgeteilten interessiert. Sie nehmen zur Kenntnis und kommentieren (inhaltlich).
Das Nachfragen bei Verständnisschwierigkeiten sollte im Übrigen, neben dem Zur-Kenntnis-Nehmen und Sich-hinein-Denken, den Kernpunkt der Reaktionen von Zuhörenden darstellen.
Kritische Sichtung bzw. Kommentare sollten m. E. in jedem Falle zurückgestellt werden.
Auffällige grammatische Fehler (falscher Fallgebrauch, Verdrehungen etc.) können bei entsprechender Kompetenz der zuhörenden Kinder sofort korrigiert werden.

Unterschiedliche Texte akzeptieren

An dieser Stelle ist es dann bereits von großer Bedeutung, dass das Verständnis von Texten nicht unzulässig eingeengt wird (s. Kap. 7.1, *Gelungene Texte erkennen*).
Auf alle Sachtexte und Meinungsäußerungen trifft zu, was einem Jungen, der seinen *Sachtext* vortrug, von den anderen Kindern gesagt wurde: „Das ist ja gar keine Geschichte!" Der hier offenbarte Begriff von „Geschichte" sollte jedoch dringend

zum Begriff „Text“ oder „unterschiedliche Arten von Geschichten“ erweitert werden! Nach der entsprechenden Ermutigung hat besagter Junge seinen Text verteidigt und begründet. Die anderen Kinder erfuhren bei dieser Gelegenheit, dass es neben all den produzierten Erlebnisgeschichten auch eine andere Sorte Text bzw. Schreiben (eben sachbezogen) gibt, mit der gleichen „Berechtigung“.
Erinnern möchte ich an dieser Stelle auch an den Text vom Orgelbesuch (S. 73), der eben keine Beschreibung „liefert“ (wie erwartet!), sondern einen persönlichen Eindruck wiedergibt (im Gegensatz zu vielen anderen bei dieser Gelegenheit entstandenen Texten, den „klassischen“ Beschreibungen).

Einen Text auswählen

Wird die Textsorte vorher, vor dem Schreiben, nicht festgelegt, so ergeben sich eben vielfältige neue Möglichkeiten. Die Kinder hierauf neugierig zu machen führt m. E. zu mehr Verständnis für unterschiedliche Textgestaltungsmöglichkeiten und *erweitert* damit das *Repertoire im Hinblick auf Lesen und Schreiben.*
Bei der ersten *Präsentation*, beim ersten Hören, können die Kinder – ab Ende Klasse 2 – in ihren Kleingruppen einen *Text auswählen*, den sie der Großgruppe, der Klasse, vorstellen möchten. Sie müssen versuchen zu artikulieren, warum sie diesen Text ausgesucht haben. Die Begründungen können auf ganz unterschiedlichen Ebenen liegen: besonders „schön“, interessant, lustig, neu, „anders“ usw.

Sich zu Texten äußern

Sind Kinder in eine differenzierte Betrachtung von Texten eingeführt, so werden – vor allem in Klasse 4 – auch in der ersten Präsentationsphase schon Anmerkungen zur Textgestaltung erfolgen können.
Wenn man mit Kindern Texte betrachtet bzw. wenn sie miteinander über Texte sprechen, so ist häufig eine Mischung gegeben zwischen inhaltlichen Anmerkungen und Aussagen über die Art der jeweiligen Texte, d. h. eine klare Trennung ist nicht immer möglich und oft auch nicht sinnvoll.
Haben Kinder Erfahrungen in der Betrachtung von Texten, so werden sie – aufgefordert positive Anmerkungen zu machen – sicherlich auch gleichzeitig zur Textsorte wie zu sprachlich besonders interessant Gestaltetem Stellung nehmen.
Aus Gründen der besseren Überschaubarkeit werden die Aspekte Unterscheiden von Textsorten und sprachliche Gestaltung schwerpunktmäßig getrennt behandelt. In der Unterrichtspraxis muss man – entsprechend den jeweiligen Bedingungen und Entwicklungen – das eigene Vorgehen variieren und an die Lerngruppe anpassen.

7.2.2 Textsorten unterscheiden/Texte unterscheiden

Wenn Kinder sich mit den Unterschieden in Texten befassen sollen, wenn sie Einblick erhalten sollen in die Gestaltungsmerkmale bestimmter Textsorten, so geht es hier nicht um ein „akademisches“ Problem von Textsortenbestimmung bzw. -analyse. Es ist daher auch nicht das Ziel unserer Textbetrachtung absolut gültige und

schlüssige Textsortenbestimmungen zu vermitteln. Es geht vielmehr um die Beschäftigung mit den verschiedenen Arten von Texten, um ein *Unterscheiden von Texten*, ein *Feststellen von unterschiedlichen Möglichkeiten sowie eine gleichberechtigte Würdigung aller Arten von Texten.*
Dass *Schreiben vielseitig* ist, dass es eine Fülle von Möglichkeiten gibt, kann bereits in der *ersten Präsentationsphase* deutlich werden. Wenn Kinder feststellen bzw. nachfragen „Hast du das selbst erlebt? Hast du diese Geschichte erfunden? Woher weißt du das?“, so haben sie die ersten Schritte in Richtung auf eine Textsortenbestimmung bzw. -unterscheidung getan.

Unterschiede benennen

Will man zum ersten Mal unterschiedliche Textarten thematisieren, so wird man dies entweder mit einzelnen Kleingruppen oder mit der Großgruppe tun, nachdem man bestimmte Kindertexte ausgewählt hat. Ein Gespräch über Textunterschiede kann sich natürlich auch spontan ergeben bei der Vorstellung von Texten vor der Klasse (vgl. die „Spurentexte“, S. 37/38).
Ist die Verschiedenheit von Texten einmal bewusst geworden, so können die Kinder beim zweiten Vorlesen in der Kleingruppe versuchen ihre Texte im Hinblick auf die Art und Weise des Mitgeteilten zu kommentieren: Wird eher erzählt oder wird Sachliches mitgeteilt?
Eine weitere Fortführung wäre dann möglich – vorzugsweise in Klasse 4 –, indem die Vorlesegruppen neu gemischt werden und sich Kinder zusammenfinden, die ähnlich geartete Texte produziert haben. Aus diesen Gruppen könnten dann 2–3 Texte ausgewählt und der ganzen Klasse vorgestellt werden: Diese kann dann wiederum die Sortierungsentscheidung überprüfen bzw. diskutieren.
Auf diesem Wege könnten, sowohl im Kleingruppen- als auch im Großgruppengespräch, *Merkmale für bestimmte Textsorten* aus den eigenen Texten ermittelt werden.
Es wird hierbei häufig vorkommen, dass in einem Text eine „Mischung“ gegeben ist. Dann ist es sinnvoll einen Schwerpunkt zu ermitteln bzw. das Autorenkind zu fragen.

Nur wenige Merkmale thematisieren

Wie bereits erwähnt geht es in unserem Zusammenhang nicht um eine akademische Textsortenanalyse, sondern um eine grobe Unterscheidung von Schreibfunktionen bzw. Mitteilungen. Die *„Textkonsequenz“* wird letztendlich auf diesem Wege thematisiert. Wenn wir uns auf drei Kernfunktionen beschränken wollen, so wären diese: *Erzählen, Informieren, Appellieren.*

Erzähltexte

Bei Erzähltem stellt sich die Frage: echtes Erlebnis (eigenes oder fremdes), erfundenes Erlebnis, Märchen, Phantasiegeschichte? Das gewählte Tempus ist meist eine Vergangenheitsform (Perfekt oder Präteritum) mit möglichem Tempuswechsel als

Stilmittel; bei Erzählungen von Zukünftigem ist natürlich Futur bzw. Präsens in Futurfunktion möglich. Da Erzähltexte die am häufigsten produzierte und besprochene Textart in unseren Grundschulen sein dürfte, sind weitere mögliche Textmerkmale – wörtliche Rede mit Original-Sprechweise, Äußerungen von Gedanken und Gefühlen etc. – hinlänglich bekannt bzw. ergeben sich aus der Betrachtung besonders gelungener Kindertexte.

Sachtexte

Sachtexte werden im Allgemeinen dadurch bestimmt, dass als Tempus das Präsens üblich ist, dass passivische Formen häufig vorkommen (es wird; man etc.), keine Ich-Form verwendet wird und dass wörtliche Rede sowie Gefühlsäußerungen entfallen. Kinder ordnen Sachtexte oft dadurch ein, dass sie feststellen, dass der entsprechende Text in einem Kinderlexikon stehen könnte.
Am Beispiel des Sachtextes von Ewgenij (3. Klasse) zum Thema „Kerzen" (Schreiben zu Gegenständen/Sachen) sehen wir einen „klassischen" Anfang, der bereits darauf hinweist, dass der Versuch einer systematischen Auflistung bzw. Definition gemacht wird:

Die Kerzen!
Es gibt verschiedene Wachsfiguren, große und kleine, hohe und niedrige, schmale und dicke und viele andere Wachsfiguren. Aber wenn man durch diese Wachsfiguren ein kleines Seilchen tut, dann können die Wachsfigürchen brennen und dann heißt dieses Ding Kerze.

Appellative Texte

Appellative Texte, d. h. Aufrufe, Aufforderungen, Bitten etwas Bestimmtes zu tun oder zu lassen (Schützt die Umwelt! Erhaltet die Bäume!), können gekennzeichnet sein durch Ausrufezeichen, durch Interjektion, durch emotionale Äußerungen, Anbindung an Gedankengänge, Überlegungen etc. In diesen Texten wendet man sich oft direkt an mögliche Adressatinnen und Adressaten (Beispiel: Schreibanlass im Zusammenhang mit dem Sachunterricht: Rede eines Sklavenkindes vor römischen Kindern). Ein indirekter Appell ist allerdings ebenfalls möglich (s. Text zum Thema „Baum und Chlorophyll" sowie „Weidenkätzchen nicht pflücken" S. 30/62). Der Wunsch von Sarah, den diese im folgenden Text artikuliert, wird sicherlich sofort als massiver Appell verstanden!

Sarah, 3. Klasse (Schreibanlass: situativ nach einer Pause)

Ich und meine Freundinnen
Hallo, ich heiße Sarah und bin acht Jahre alt. Wir springen gerade mit unserem Klassenseil, da stören uns andere beim Seilspringen. Die halten das Seil fest. Das finde ich gemein und wenn sie uns mal in Ruhe lassen würden, das wäre gut. Gott sei Dank stören sie uns nicht beim Kreidemalen. Ich wünsche mir, daß wir mal Seilhüpfen können ohne daß andere uns stören.

Tanja ist es im folgenden Text auch Ernst mit ihrem Appell für eine bessere Umwelt!

Tanja, 3. Klasse (Schreibanlass: Cluster zum Thema Baum, Stichwort: Umwelt)

Umwelt
Wenn ich so an die Autos denke, wird mir ganz schlecht. Die arme Umwelt. Es wäre nett, wenn die anderen Menschen auch mal an die Umwelt denken würden.

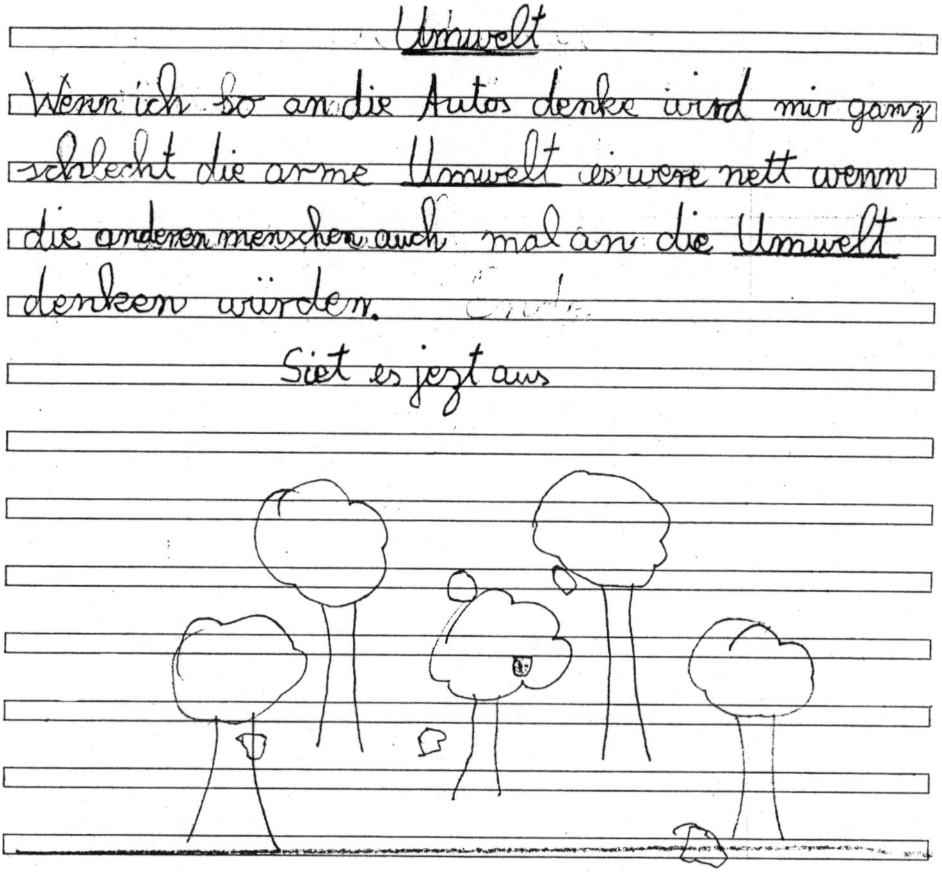

Wenn Kinder appellative Texte kennengelernt haben, so könnten sie diese in ihr Repertoire aufnehmen – ähnlich den Sachtexten – und je nach thematischer Anbindung entscheiden, welche Art Text sie produzieren möchten.
Das Formulieren von Meinungen, Gedanken, Anmutungen bzw. Assoziationen ist den drei o. a. Schreibfunktionen nur begrenzt zuzuordnen, ebenfalls das Schreiben von Gedichten. Wir sollten also keinesfalls Zuordnungen „erzwingen“, sondern im Zweifelsfalle eine eigene Benennung bzw. Beschreibung finden.

Lyrische Texte

Wenn Kinder bei freier Textsortenwahl ein Gedicht schreiben, so ist dies zumeist ein gereimtes. Für die Kinder gilt als Merkmal von lyrischen Texten der Reim, falls nicht im Unterricht andere Gedichtformen thematisiert wurden (Rhythmus, Zeilenumbruch als generelles Merkmal).

Hier ein „kleines" Gedicht als Beispiel:

Lukas, 4. Klasse (Schreibanlass: Spontanes Thema, Stichwort: „Herbst"):

Herbst bringt mit seinem Wetter
viele bunte Blätter.
Kinder kommen mit den Schaufeln
und bauen große Blätterhaufen.
Janes kommt mit seinem Hund
und wirbelt alles wieder rund.

Woran Unterscheidungsmerkmale jeweils festgemacht werden können, muss anhand des jeweiligen Textes entschieden werden. Ich denke, dass auf diese Weise eine neue Art von Aufmerksamkeit beim Lesen bzw. Hören von Texten entsteht, ein neues Bewusstsein im Hinblick auf die vielseitigen Möglichkeiten von Texten.

Beispiel aus einer 3. Klasse

Den *Schreibanlass* stellten mitgebrachte *Werkzeuge* dar, deren Name und Funktion erklärt wurde. Sodann begann die Schreibphase.

Mehrere Kinder hatten zu dem gleichen Werkzeug geschrieben und stellten dies voller Freude fest. Nachdem im Rahmen des differenzierten Schreibendes alle Kinder ihre Texte einmal vorgetragen hatten, fanden sie sich in „Spezialgruppen" zusammen.

Die Gruppe „Zollstock" stellte dabei fest, dass alle Kinder etwas dazu gesagt hatten, was man mit einem Zollstock macht, dass aber auch alle von einem eigenen Erlebnis erzählt hatten. Es schlossen sich weitere Vorschläge an, was man alles mit einem Zollstock tun kann (Dies könnte wiederum fächerübergreifend genutzt werden, indem in einer der nächsten Stunden in der Klasse gemessen wird! Motivation: Mathematik ist überall!).

Hier eine kleine Auswahl von Texten zum Thema „Zollstock":

Der Zollstock
Mein Vater hat nicht gewußt, wie lang ich bin. Dann hat er einen Zollstock genommen. Ich war klein, habe mich erschreckt und gefragt: „Papa, was willst du damit machen?" Mein Vater hat gesagt: „Ich will nur gucken, wie lang du bist!" Er hat ein großes Blatt genommen und gesagt: „Komm zu mir." Er hat mich zum Blatt gestellt. Wo mein Kopf zu Ende geht, da hat er einen Strich gemacht. Dann hat er den Zollstock so lang gemacht bis zum Strich. Jetzt wußte er, wie lang ich bin. (Ewgenij)

Wo mein Papa nicht da war, dann habe ich mir einen Zollstock genommen. Ich habe mit dem Zollstock Schränke gemessen und Tische und so weiter. Ich spiele fast immer mit dem Zollstock. Am Donnerstag spiele ich wieder mit dem Zollstock. Aber wenn dann mein Papa kommt, dann verstecke ich den Zollstock, so daß mein Papa den nicht sieht. (Jagna)

Wo mein Papa nicht da war
dann habe ich mir ein
Zolstock genomen.
Ich habe mit denn zolstock
Schrenke gemesen und Tische
und so weiter ich spiele
fast imer mit denn zolstock.
Am Donnerstag spiele ich
wider mit denn zolstock
aber wen dann mein Papa
kommt dann fersteke ich
denn zolstock so das mein
Papa denn nicht sied.

Jagna

Nachdem Jagna in der ersten „Runde“ vorgelesen hatte, entspann sich eine Diskussion, warum der Vater nicht will, dass sie mit dem Zollstock spielt. Einige Kinder berichteten von ähnlichen Erfahrungen, von weiteren Vorschriften, da viele Väter sich Sorgen machen, dass ihr gutes Werkzeug beschädigt wird. Jagna wurde empfohlen mit ihrem Vater zu sprechen!

Exkurs: Bei Jagnas Text könnte die leidige Wiederholungsdiskussion wieder aufflammen. Wie sollte man das „Gerät“ nennen? Ein Zollstock ist ein Zollstock ist ein Zollstock … Wenn es dem Bedürfnis des Kindes entspricht bzw. wenn man aus

anderen Texten weiß, dass das Kind noch nicht mit Pronomen umgehen kann, wenn die Möglichkeit der pronominalen Verknüpfung noch nicht genutzt wird, so könnte diese hier mit Takt und Fingerspitzengefühl eingeführt werden (Satz 4 und/oder Satz 5).
Ob man bei der Vorstellung des Textes von Ewgenij die Wirkung der wörtlichen Rede herausstellt, richtet sich u. a. nach den aktuellen Gegebenheiten. Es darf auf seiten der Kinder auf keinen Fall der Eindruck erweckt werden, als mache die Verwendung von wörtlicher Rede einen Text per se lebendig oder interessant. Es ist *eine* Möglichkeit das Ganze anschaulich zu machen! Des Weiteren darf bei den anderen Kindern auf keinen Fall der Eindruck entstehen, ihre Texte seien „minderwertig", da sie nicht das mögliche Gestaltungselement „wörtliche Rede" enthalten!

Einige Kinder hatten zum *Thema „Säge"* geschrieben; hier zwei Beispiele:

Die Laubsäge
Ich säge oft mit der Laubsäge. Ich säge Bretter, die zu groß sind und Leisten, um die richtige Größe zu gewinnen. Ich baue mir damit viele Sachen. Das finde ich schön. (Patrick)

Die Säge
Es war einmal eine Säge. Sie wurde fast nie benutzt. Eines Tages wollte der Besitzer der Säge die Säge wegwerfen. Es gab einen Metalladen, in den wollte er die kleine Säge bringen. Da fiel ihm die Säge aus der Tasche. Da kam ein anderer Mann. Er sah die kleine Säge und nahm die kleine Säge mit. Und seitdem wurde sie öfter benutzt. Jeden Tag zwei Mal. Ist das nicht schön? (Philipp)

Der gravierende Unterschied der beiden vorhandenen Sägen-Geschichten wurde sofort benannt: Ein kurzes Märchen (Es war einmal ...) von Philipp gegenüber der Beschreibung von Patrick, was er mit der Laubsäge macht. Es wurde allerdings deutlich darauf hingewiesen, dass Patrick das „schön findet" und dass es für ihn sehr wichtig war dies zu erwähnen!
In anderer als der Ich-Form ausgedrückt hätte eine lexikonartige Beschreibung entstehen können. Bei allen „Werkzeug-Texten" ist kein reiner Sachtext dabei. Es geht, wie auch die Kinder sofort festgestellt haben, meist um die eigene Erfahrung mit dem entsprechenden Werkzeug, d. h. dass dem Vater (in diesen Texten ausschließlich!) geholfen wurde (ein Gartenhaus zusammenzuschrauben, einen Fahrradsattel höherzustellen, mit der Kneifzange Draht durchzukneifen für den Tierkäfig) oder Kinder selbstständig gearbeitet haben (mit Hilfe eines Bohrers Kastanien-Tiere herstellen etc.). Es ist der Gedanke naheliegend, dass dies sowohl mit dem Thema – kindliche Erfahrungen werden abgerufen – als auch mit dem Alter der Kinder zusammenhängt (Anfang drittes Schuljahr).
Beim Thema „Spuren" wie auch beim Thema „Baum" in Klasse 4 wurden die Sachtexte in ihrer Eigenart – keine Ich-Erzählung; Tempusform: Präsens; keine Meinungs- bzw. Gefühlsäußerungen, keine wörtliche Rede etc. – deutlich wahrgenommen (Anbindung an Lexikonerfahrung).

Im Folgenden zwei Texte, die unter dem Aspekt „wirklich erlebt oder erfunden?" diskutiert wurden:

Ein Mädchen wollte mit einer Zange spielen. Das Mädchen ist fünf Jahre alt. Und als es denn Zange spielen wollte, hat es sich die Finger eingeklemmt. Es weinte. Sie wollte zu ihrer Mama. Die war nicht da, und dann hat sie aufgehört zu weinen. Übrigens, das Mädchen heißt Anabel. „Ich finde," sagt sie zu sich selbst, „so schlimm war es gar nicht." (Sabrina)

Die Lochzange
Mein Vater hat ein Loch in der Hose. Er kannte Tricks, weil er eine Lochzange hatte. Er lochte das Loch zu. Er machte einfach ein Lochmuster rein. Es sah super aus. (Christoph)

Bei Sabrinas Text wurde nachgefragt, ob sie ein eigenes Erlebnis erzählt habe oder nicht. Aus der Textform (3. Person) wie auch der Namensgebung (das Mädchen heißt Anabel) geht hervor, dass es sich um eine erfundene Geschichte, ein erfundenes Erlebnis, handelt (das so passiert sein könnte).
Erstaunt wurde registriert, dass das Kind mit sich selbst spricht. Sabrina verteidigte sich mit dem Hinweis, dass sie so etwas schon in Büchern gelesen hätte (Verarbeitung von Leseerfahrung! Vielleicht haben einige von den anderen diesen „Kunstgriff" jetzt in ihr Repertoire aufgenommen!). Welch interessantes Textende, sowohl inhaltlich (sich selbst helfen und trösten!) als auch sprachlich!
Sabrina ist im Übrigen in der Lage zu dem „Mädchen" das passende Pronomen „es" zu setzen, fällt allerdings in Satz 4 ins „sie". Ob man dies thematisiert, kommt auf die Situation an: Für eine kurzfristige Veröffentlichung würde man dies nur korrigieren. Im Sinne von „Kindertexte für den Sprachunterricht auswerten" sollte man sich solche Beispiele notieren (für das Thema „Pronomen") oder im Rahmen eines situativen Grammatikunterrichts klären (Kinder verbinden mit „Mädchen" meistens „sie"; die Verwendung des Pronomens „es" ist zumeist unsicher – wie bei Sabrina – oder gar nicht bekannt.).
Den Text von Christoph fanden alle lustig. Man merkt, dass Christoph von der unkonventionellen Lösung seines Vaters begeistert ist (sah super aus; der Vater kannte „Tricks"). Sehr kreativ auch seine Kombination: „... lochte das Loch zu"!
Bei den Gesprächen über die verschiedenen Kindertexte, über ihre Unterschiede, erleben die Kinder, dass ihre Texte ernstgenommen, dass das von ihnen Formulierte wichtig und interessant ist. Dieser Aspekt ist bedeutsamer als eine eher formale Zuordnung bzw. Sortierung von Texten.
Deutlich herausgestellt wird bei dieser Art der Arbeit, *beim Schreiben zu offenen Schreibanlässen ohne Textsortenfestlegung, dass nicht eine Textsorte die schulisch besonders ge- bzw. erwünschte ist.*

7.2.3 Sensibel werden für Sprache

Bei der Betrachtung von Kindertexten müssen wir uns immer wieder klar machen, dass es gilt das Positive bzw. die positive Entwicklung zu sehen, dies überhaupt wahrzunehmen und die – oftmals tradierte – „Fehlersicht" aufzugeben (Was ist falsch? Was darf/soll nicht sein?).
Eine detaillierte Text-Untersuchung mit Kindern wird vorzugsweise in den Klassen 3 und 4 praktiziert werden, d. h. erst wenn die Kinder sich nicht mehr ausschließlich am Inhalt des Mitgeteilten orientieren, ist dies überhaupt sinnvoll und möglich. Voraussetzung für Meta-Kommunikation ist immer Distanz.
Dazu kommt die Überlegung, dass das Herausstellen von besonderen Gestaltungsleistungen bei den anderen Kindern den Eindruck erwecken kann, als seien diese Leistungen „absolut" gefordert und nicht eben nur „positiv erwähnenswert".

Rechtschriftlich korrigierte Texte betrachten

Welche Beschränkungen bzw. Hindernisse sich bei der Betrachtung von Kindertexten ergeben, wird manchmal deutlich, wenn man einen solchen für sich selbst in die richtige Rechtschreibung überträgt. Das falsch Geschriebene bzw. das, was kaum zu entziffern ist, lenkt ab vom Inhalt, von der Rezeption des Textes, von der Wahrnehmung besonders gelungener Passagen. Oft macht ein und derselbe Text, der durch die individuelle Rechtschreibung schwer lesbar ist, in rechtschriftlich korrigierter Form einen vollkommen anderen Eindruck.
Will man sprachlich besonders Gelungenes thematisieren, so wird man anfangs die jeweiligen Texte – rechtschriftlich korrigiert – kopieren und schriftlich vorlegen. Bei einer Textvorlage hat man das, worüber gesprochen bzw. nachgedacht werden soll, vor Augen.

Besonders Gelungenes beim Vortrag erkennen

Sind die Kinder bereits „geübt", d. h. kann ihre Aufmerksamkeit beim zweiten Hören eines Textes auf sprachliche Besonderheiten gerichtet werden, so können sie selbstständig in kleinen Gruppen Texte in dieser Hinsicht auswerten. Dabei erfahren sie eine sinnvoll veränderte Hör- bzw. Rezeptionsrichtung: Das Positive überhaupt sehen zu lernen, das Positive zuerst zu nennen und damit unterstützend und ermutigend zu wirken anstatt eine „Beckmesserei" zu kultivieren!
Im Folgenden sollen einzelne Aspekte sprachlicher Gestaltung anhand von Beispielen thematisiert werden.

Parallelismus und Wiederholung/Verwendung von „und"

Dass Kinder bereits in der zweiten Klasse (und früher!) in der Lage sind Wiederholungen als Stilmittel einzusetzen (wobei uns der Grad von Bewusstheit nicht zu interessieren hat!), wird in den beiden folgenden Texten deutlich:

Patrick, 2. Klasse (Schreibanlass: Erzählbild)

Der Hund jagt die Katze im Garten. Der Hund bellt und bellt immer weiter. Er jagt und jagt.

Sascha, 2. Klasse (Schreibanlass: Erzählbild)

Drei Kinder mit einem Hund. Der Hund bellt die Kinder an. Er bellt und bellt immer weiter und weiter. Aber er ist an einer Leine. Und die Leine ist stark.

Könnten Sie es „schöner“ ausdrücken, dass der Hund gar nicht wieder aufhört mit Bellen, dass er die Katze lange jagt, dass er den Kindern vermutlich Angst einjagt, aber die Leine, die starke, die Rettung bedeutet (Und die Leine …: Funktion des „und“!)?
In die hier angesprochene Kategorie passt auch die „schöne Blumengeschichte“ (S. 59), deren subtiler Witz durch die Überschrift klar wird (auf Nachfrage wurde das bewusste Setzen der Überschrift bestätigt!).

Einfache parallele Konstruktionen finden sich in den beiden folgenden Texten:

Nikolai, 3. Klasse (Schreibanlass: Blätter, die auf dem Schulhof gesammelt wurden):

Es ist Herbst
Ich bin in der Schule. Wir sammeln Blätter. Dabei sind schöne Blätter. Manche sind gelb, andere sind rot, andere grün und gelb, wieder andere sind gelbrot. Aber das schönste ist gelbgrün.

Frederik, 3. Klasse (Schreibanlass: Schreiben zu Musik: Karneval der Tiere):

Der Hahn hat eine Frau gefunden und sie haben 7 Kinder. Ein Küken ist gut im Laufen, ein Kind ist gut im Fliegen, eins ist gut im Essen, eins ist gut im Reiten, eins ist gut im Klettern.

Dass man mit Hilfe von parallelen Reihungen gleiche bzw. ähnliche Tatbestände beschreiben kann, wurde den Kindern beim Untersuchen der o. a. Textstellen deutlich.

Eine „Und“-Geschichte

Den folgenden Text könnten Kinder daraufhin untersuchen, welche Funktion die wiederholten Satzanfänge mit „Und“ haben, was sie bewirken. Es handelt sich um

eine „endlose Geschichte“, um mehrmalige Wiederholung derselben Ereignisse (von morgens bis abends mit der Murmelbahn spielen, wiederum Flohmarktverkauf etc.). Dies wird durch die stets gleichen Satzanfänge, durch das wiederholte „Und“ unterstrichen.
Anfang und Ende heben sich davon ab: Am Ende kommt eine unerwartete Wendung (Höhepunkt), der Anfang ist sozusagen „harmlos“, unverdächtig. Die verblüffende Geschichte vom stets gleichen Ablauf setzt mit dem ersten „Und“ ein. An dieser Stelle könnte ein Absatz gemacht werden, um den Einschnitt auch optisch zu markieren. Weitere Absätze könnten beim Wechsel der Personen gemacht werden bzw. dann, wenn eine neue Etappe beginnt. Aus Gründen der besseren Lesbarkeit habe ich die Absätze hier gesetzt.

Benedikt, 3. Klasse (Schreibanlass: Glasmurmeln)

Es war einmal ein Junge
Es war einmal ein Junge. Er hatte eine Murmelbahn. Sie war groß, aber der Junge hat nie mit der Bahn gespielt.
Und eines Tages haben sie die Murmelbahn auf dem Flohmarkt verkauft, und dann kam eine Mutter mit ihrem Kind. Und sie haben die Murmelbahn gekauft.
Und dieser Junge hat mit der Murmelbahn von morgens bis abends gespielt. Und dann hat der Junge eine Schwester bekommen. Und die Schwester hat dann mit der Murmelbahn gespielt, weil der Junge ist dann in die Schule gekommen.
Und die Schwester hat auch von morgens bis abends damit gespielt. Und dann ist die Schwester auch in die Schule gekommen. Und die Leute haben dann die Murmelbahn verkauft auf dem Flohmarkt, an ein Mädchen.
Und das Mädchen hat auch von morgens bis abends damit gespielt, bis sie in die Schule gekommen ist. Und dann hat sie einen Bruder bekommen, und der Bruder hat mit der Murmelbahn gespielt, bis er groß war.
Und dann hat er die Murmelbahn seinen Kindern gegeben, aber die Kinder waren so viele. Deswegen haben sie noch eine Murmelbahn bekommen zu Weihnachten.

Zu einzelnen sprachlichen Elementen des Textes hier noch eine kleine Anmerkung: Ob Satz 4 korrekturbedürftig ist, müsste überlegt werden. Im ersten Teil des Satzes ist wohl gemeint, dass die Murmelbahn verkauft werden sollte, dass sie angeboten wurde.
Die Konstruktion des Weil-Satzes, die der Junge wählt, mag manche von uns „schmerzen“. Diese Art Weil-Sätze zu bilden, ist jedoch inzwischen akzeptiert (Sprache der Medien etc.), d. h. der sprachliche Wandel (Sprachliche Konventionalisierungen sind veränderbar!) hat bereits stattgefunden.
Kinder, die anhand dieses Beispiels (bzw. anderer aus ihrer Unterrichtspraxis) den Unterschied zwischen dem Nicht-anders-Können und der Wirkung von Parallelismus und Wiederholung erfasst haben (hier am Beispiel von Satzanfängen), entwickeln eine andere Aufmerksamkeit im Hinblick auf Texte bzw. nehmen bewusster wahr.

Tempuswechsel

Die Lese- bzw. Höraufgabe für die folgenden Texte bestand darin den Grund für den Zeitwechsel zu finden und damit Einblick in die diesbezüglichen Gestaltungsmöglichkeiten zu nehmen.

Patrick, 3. Klasse (Schreibanlass: Schuhe)

Der Schuh
Es war einmal ein Schuh. Der Schuh war eigentlich noch kein Schuh. Es war noch eine Sohle. Er wartete gespannt auf die Fertigstellung, und dann war er fertig. Er betrachtete sich und sieh, da kommt schon jemand, der den Schuh anprobieren will, aber der Schuh paßt nicht. Und da kommt schon wieder jemand und will den Schuh anprobieren, und der Schuh paßt. Und seitdem habe ich ihn nicht mehr gesehen. Wenn ich ihn seh, frage ich ihn, was er alles erlebt hat.

Kai, 2. Klasse (Schreibanlass: Erzählbild mit Teddybär auf einer Waldlichtung)

Als der Dieb den Teddy weggeschmissen hatte, rannte er davon. Und die Bille suchte den Teddy. Aber Bille hat den Teddy nicht gefunden. Die Polizisten verfolgten den Dieb. Der Teddy war alleine. Er hatte Angst.
Die Bäume rascheln. Die Eulen rufen laut.
Der Teddy war alleine im Wald. Der Teddy lag da im Gras und auf einmal war es ganz still.
Die Bäume hören auf zu rascheln. Die Eulen hören auf zu schreien. Wo ist mein Teddy. Ich glaube, ich finde meinen Teddy nicht mehr wieder. Bille geht traurig nach Hause. Die Mutter sagt wo ist dein Teddy.

(Originalzeichensetzung, Abschnitte wurden von mir gesetzt)

Beiden Texten ist gemeinsam, dass der Tempuswechsel (bei Patrick mitten im Satz) einen „Sprung“ in eine Situation hinein markiert: Der Schuh ist fertig und gleich kommt jemand zum Anprobieren, es passiert etwas. Beim Text von Kai fühlen wir uns plötzlich so, als wären wir selbst im Wald und hörten das Rascheln und Rufen. Dann der zweite Wechsel zur Kommentierung (… war alleine im Wald …) und wiederum ein situatives „Springen“: Die Bäume hören auf … Jetzt kommt die wörtliche Rede, sozusagen „live“ am Ort des Geschehens, ohne weitere Ankündigung und damit besonders eindringlich. Auch die weitere Fortsetzung, das Ende, bleibt im Präsens: Der traurige Zustand ist nicht veränderbar und tritt durch die Frage der Mutter pointiert hervor.
Wenn Textmerkmale wie Tempuswechsel besprochen werden, so sind Kinder oft ganz erstaunt (und erfreut), was sie unbewusst gesetzt und damit geleistet bzw. bewirkt haben. Manchmal versuchen Kinder auch das „Gefühl“ auszudrücken, das sie beim Schreiben zum Zeitwechsel gebracht hat, sie versuchen ihre Intuition zu verbalisieren.

Wörtliche Rede

Dass gezielt und pointiert eingesetzte wörtliche Rede Wirkung zeigt, dass sie die Lesenden oder Hörenden besonders aufmerksam werden lässt, wurde beim Text von Sabrina deutlich.

Sabrina, 3. Klasse (Schreibanlass: mitgebrachte Spieltiere, hier: Teddybären)

Es waren einmal zwei Teddybären. Sie hatten keine Mutter. Der eine hieß Tom, der andere Jim. Die beiden wollten in den Supermarkt, aber es war Samstag. Als sie fast da waren, rief Jim zu Tom: „Tom, der Supermarkt hat doch zu!" Da rief Tom: „Ach, stimmt ja. Und jetzt gehen wir uns halt ein Eis holen." „Gute Idee. Frage ist nur, wo ist ein Eis-Café?" „Stimmt, Jim, du hast recht. Komm, setzen wir uns erst mal dort drüben in die Ecke und überlegen erst einmal, was wir tun können." „Okay, ja," sagt Tom. 1 Stunde, 2, 3, 4 Stunden sitzen sie schon da. „Fällt dir was ein, Tom?" „Nein, dir?" „Nein. Und was jetzt?" „Weiß ich nicht." Tom sagt: „Ich breche jetzt in den Supermarkt ein."

(Redezeichen wurden eingesetzt)

Wir haben den Eindruck einer Spielszene, eines vorgespielten Gesprächs. Vermutlich werden in diesem Text Lese- bzw. Medienerfahrungen verarbeitet (vielleicht auch inhaltlich).

Satzzeichen

Manche Kinder sind bereits sehr geschickt im Umgang mit Satzzeichen und nutzen die Möglichkeiten von Ausrufe- und Fragezeichen (s. weitere Texte in diesem Kapitel) wie auch die „ungewöhnliche" Punktsetzung. Tamara (3. Klasse) gibt hierfür ein Beispiel:

... Am nächsten Tag hatte ich Geburtstag. Meine Eltern haben mich aufgeweckt. Mit einem Geburtstagslied. ...

Das nachgestellte „Mit einem Geburtstagslied" betont, welch gute Idee die Eltern hatten!

Textanfang

Es gibt viele Varianten von Textanfängen (Einführung von Personen, Zeit, Ort etc.), dabei oft originelle, auffällige. Ein besonders langer, interessanter Text (mehr als vier DIN-A4-Seiten!) über einen fliegenden Teppich fängt folgendermaßen an:

Mario, 4. Klasse (Schreibanlass: Reklamebild von Teppichen):

Ich und mein Teppich
„Hallo", ich bin der Erzähler.
Meine Geschichte fängt damit an, dass ich auf dem Weg zu einem Teppichladen war. Angekommen, war nur noch ein einziger Teppich da. Es war kein gewöhnlicher Teppich, sondern ...

Welch netter „Kunstgriff“ sich erst einmal selbst vorzustellen. Auch die Konstruktion des dritten Satzes – das vorangestellte „Angekommen“ – hat eine Funktion: Wir sind gespannt, was passiert, wir ahnen, dass etwas Ungewöhnliches kommt und finden dies in Satz 4 bestätigt.

Textende

Ähnliches wie für den Textanfang kann auch für das Textende gesagt werden: Wir alle haben bestimmte Erfahrungen damit, wie das Ende eines Textes gestaltet sein kann. Wir könnten dies sicherlich oft nicht bewusst artikulieren, spüren aber beim Lesen stets, dass ein „Schlusspunkt“ gesetzt wird.

Ein Beispiel für eine ausgesprochene „Pointe“ aus einer ersten Klasse (!):

Conni, 1. Klasse (Schreibanlass: Verbindung zu einer Textrezeption)

Land des Wintervogels
Ich war schon mal mit der Klasse ins Land des Winter-Vogels. Da war es aber schön. Da war's so: da hüpften überall Hasen! Ja! Da stand fix und fertig ein Tisch-Tuch mit einem gebratenen Hähnchen. Ja, da wars schön, und erst die Wiese! Die schmeckte. Es waren lauter Lutscher, und die Quelle war Vanillesoße. Da sagt man nur:

Mhhh!!!!

(Satzschlusszeichen setzte das Kind!)

Connis individuelle Schreibweise der Komposita (Winter-Vogel, Tisch-Tuch) ist inzwischen bei komplizierten Begriffen als eigenständige Lese-Hilfe weitgehend akzeptiert und gebräuchlich. Die Verwendung des lautmalerischen Ausdrucks hat sie vielleicht der Comic-Sprache entnommen. Egal, wie Conni auf diese Lösung gekommen ist, sie ist wirkungsvoll!
Auch Anna beendet ihren Text mit einer persönlichen Stellungnahme und unterstreicht durch das Ausrufezeichen. Wir erkennen, dass dies ein Plädoyer darstellt die „Verhältnisse“ zu ändern!

Anna, 3. Klasse (Schreibanlass: situativ nach einer Pause)

In der Schulpause
In der Pause, wenn meine Freundinnen und ich Gummitwist spielen, kommen manchmal Jungen und springen einfach in das Muster hinein. Danach gehen wir an einen anderen Platz, aber die Jungen kommen uns nach. Dann spielen wir Seil. Doch dann ärgern sie uns auch. Nirgendwo hat man Ruhe!

Der Text von Max endet mit einer wörtlichen Rede. Auch dies ist ein beliebtes und wirkungsvolles Gestaltungsmittel!

Max, 3. Klasse (Schreibanlass: Reklamebild von Pinguinen)

Springen
Viele Pinguine stellen sich zusammen auf die Eisfläche. Sie sehen, daß die Eisfläche ein Loch hat. Ein Pinguin sagt: „Kommt, laßt uns springen!" Der Pinguin, der es gesagt hat, springt als erster. Er hat es geschafft, rüberzuspringen. Stolz dreht er sich um und sagt: „Na, wie findet ihr das?"

Neben dem pointierten Schluss, der oft auch den Höhepunkt darstellt, finden wir das sog. „offene Ende" wie im Film, die Geschichte bricht sozusagen ab und wir können sie selbst weiterspinnen.
Wir sollten also mit Hinweisen („Ist deine Geschichte da schon zu Ende?") sehr zurückhaltend sein, denn auch in diesem Bereich „spuken" in unseren Köpfen manchmal tradierte Vorstellungen von abschließenden, „schwungvollen" Schlusssätzen.

Satzbau

Der folgende Text von Tobias „lebt" vom knappen, abrupten Wechsel der „Sie"- und „Er"-Sätze.

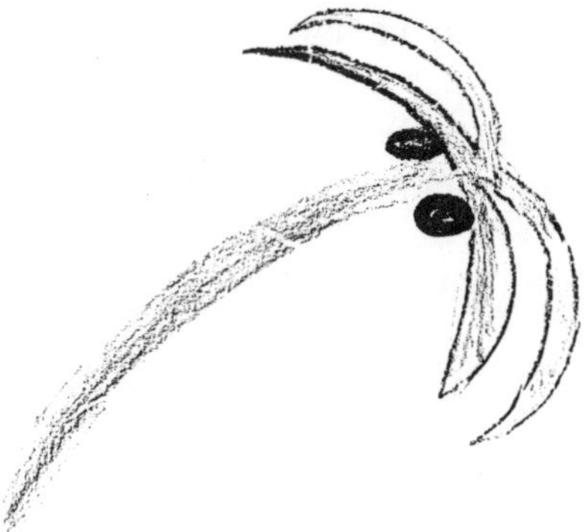

Tobias, 3. Klasse
(Schreibanlass: Spielzeugautos)

Die Erforscher
Diese Erforscher fahren mit ihrem Geländejeep durch die Sümpfe.
Sie gucken durchs Fernglas. Sie entdecken einen Tiger.
Er hat sie gesehen. Er rennt los.
Sie fahren los. Es spritzt.

Auch Parallelismus und Wiederholung zeigen in diesem Text ihre Wirkung. Man beachte: Er rennt „los". Sie fahren „los".

Eine besonders gelungene Überschrift

Die von Max für den folgenden Text gewählte Überschrift scheint mir besonders wirkungsvoll, da sie auf das inhaltliche Ende hinweist!

Max, 2. Klasse (Schreibanlass: Themenstichwort Zirkus)

Eine Geschichte ohne Ende
Es war einmal ein kleiner Junge, der wollte in den Zirkus gehen, aber er und seine Freunde hatten kein Geld. So beschlossen sie, selbst einen Zirkus zu machen. Ein Kind wurde Zirkusdirektor, eines Clown, die anderen machten die vielen Tiere nach, die in einem Zirkus auftreten. Den Kindern machte das viel Spaß, und wann immer sie Lust auf Zirkus haben, spielen sie ihren eigenen Zirkus.

Da die Überschrift im Allgemeinen erst nach dem Schreiben eines Textes gesetzt wird, könnten jeweils einige Alternativen für eine Überschrift gesucht bzw. durchdacht werden. Dies könnte auch eine Differenzierungsaufgabe für „schnelle" Kinder sein.

Sprachliche Mittel thematisieren

Es ist denkbar mehrere originelle Überschriften, Textanfänge und -enden zu „sammeln" und diese dann zur Diskussion zu stellen bzw. herausfinden zu lassen, was

wie bewirkt wird. Auch andere sprachlich-stilistische Mittel könnte man in Varianten vorstellen (vorzugsweise in Klasse 3 und 4).
Dies fällt in die Sparte „Sprache untersuchen" im Bereich Texterstellung und kann auf jeden Fall zu größerer Bewusstheit und damit zu einer pointierteren Wahrnehmung, somit zu einer Erweiterung der Lese- bzw. Rezeptionsfähigkeiten, vielleicht auch – durch Übernehmen und eigenes Erproben – zu einem breiteren Gestaltungsrepertoire beim Schreiben führen.
(Weitere Texte, die unter dem Aspekt der sprachlichen Gestaltung betrachtet werden, finden sich im Kap. 9, *Texte bewerten.*)
In jedem Falle halte ich eine Reflexion sprachlicher Mittel und Möglichkeiten aus der positiven Sicht besonders gelungener Beispiele für wesentlich günstiger als die öffentliche Thematisierung von Überarbeitungsbedürftigem, zumal es eine Weile dauern wird, bis die tradierten Norm- und Wertvorstellungen tatsächlich einer offeneren Sichtweise gewichen sind!

7.3 Schreibfähigkeiten analysieren

Unabhängig von dem, was mit den Kindern besprochen wird, kann die Lehrperson aus den einzelnen Texten der Kinder Rückschlüsse ziehen auf deren generelle Fähigkeit Texte zu produzieren, d. h. Textteile miteinander zu verknüpfen, Textanfang und -ende passend zu setzen und somit eine verständliche, stimmige schriftliche Aussage zu tätigen. Aus diesen Aufzeichnungen können Hinweise bzw. Aufgabenstellungen für die Kinder gewonnen werden: Setzt ein Kind häufig unverbundene Äußerungen nebeneinander, so ist es vielleicht sinnvoll mit dem Kind gemeinsam einen Text zu entwickeln, damit es die Verknüpfungs- und Anschlussmöglichkeiten erfährt, bzw. seinen Text im Sinne von Textualität zu überarbeiten (s. Kap. 8.1, *Texte überarbeiten/korrigieren*).
Ein Beispiel für ein eingeschränktes Verknüpfungsrepertoire könnte gegeben sein, wenn man anhand von mehreren Texten eines Kindes feststellt, dass dieses niemals Pronomen verwendet, d. h. dass die Möglichkeit einer pronominalen Verknüpfung offensichtlich nicht bekannt ist. Mit diesem Kind (oder der Gruppe der betroffenen Kinder) müsste das Thema „Pronomen" als Möglichkeit von Textverknüpfung vorgestellt werden.
Denkbar wären in diesem Zusammenhang kleine Übungen im Bereich Verknüpfung: unbestimmter Artikel – bestimmter Artikel – Pronomen.
Beispiel: Mini-Tiergeschichten (Katze, Hund etc.).
Eine Katze läuft über die Straße. Die Katze hat einen weißen Schwanz. Sie gehört Frau Müller.
Bei derartigen – etwas schematischen – Übungen darf natürlich nicht der Eindruck entstehen, als müsste das Subjekt immer an der ersten Satzgliedstelle stehen. Die erste Stelle im Aussagesatz ist im Deutschen „flexibel" (Zweitstellung des Verbs im Aussagesatz und damit Variabilität der ersten Stelle). Um dies erfahrbar zu ma-

chen, könnte man, nachdem die Verknüpfungen deutlich geworden sind, mit den kleinen Texten „spielen“:
Über unsere Straße läuft eine Katze. Sie gehört Frau Müller. Die Katze hat einen weißen Schwanz.
Eine Katze läuft über die Straße. Einen weißen Schwanz hat die Katze. Sie gehört Frau Müller.
Eine Katze läuft über die Straße. Sie hat einen weißen Schwanz. Frau Müller gehört die Katze.
In einer 2. Klasse – Anfang des Schuljahres – habe ich die Schreibaufgabe gestellt ganz kurze Katzengeschichten zu schreiben. Es wurden keinerlei Vorgaben gemacht.
Die Kinder hatten sehr selten geschrieben. Bei den Ergebnissen zeigte es sich, dass die meisten mit dem unbestimmten Artikel eingeführt hatten, dass etliche mit dem bestimmten Artikel und auch mit dem Pronomen verknüpfen konnten.

Unsere Katze spielt gerne in der Küche. Sie spielt mit dem Ball. (Natascha)

Eine Katze spielt mit einem Ball in der Küche. Dann rollt der Ball in den Flur. Die Katze läuft hinterher. (Katrin)

Eine Katze tobte im Schnee. Plötzlich kam ein Hund und wollte die Katze fangen. (Britta)

Auch die Zeichensetzung, d. h. das Setzen von Punkten, ist diesen drei Kindern (und einigen anderen) auf Anhieb gelungen.
Daniel kann dies noch nicht, er fängt auch mit dem bestimmten Artikel an.

Die Katze fängt den Ball die Katze spielt mit dem Ball.

Einige wenige Kinder hatten wie Daniel den bestimmten Artikel benutzt, allerdings immer im Zusammenhang mit einer Geschichte von einer Katze, die in einer Küche mit dem Ball spielt. Wie sich herausstellt war im Sprachbuch der Kinder ein entsprechendes Bild und daneben ein Text: „Die Katze …“ In diesem Falle ist der bestimmte Artikel natürlich korrekt (im Zusammenhang mit dem Bild). Dass üblicherweise eine sprachliche Neueinführung mit dem unbestimmten Artikel oder dem 0-Artikel (ohne Artikel) erfolgt, haben die Kinder unbewusst bei vielen Texten wahrgenommen. Im Allgemeinen übertragen Kinder diese Erfahrung auf ihre eigenen Texte.
Sollte ein Kind jedoch ständig mit dem bestimmten Artikel einführen, so müsste dies thematisiert werden. Es darf jetzt jedoch nicht der Eindruck entstehen, als sei ein Textbeginn mit dem bestimmten Artikel „verboten“. Im Gegenteil: Dies kann ein raffiniertes Stilmittel darstellen.
Am Beispiel des Textes von Jens kann dies belegt werden: Er führt ein mit dem Pronomen „Wir“ und liefert sozusagen nach, wer denn mit „wir“ gemeint ist. Dies macht die Sache spannend, weckt Neugier, erweckt den Eindruck, als sprängen wir mitten rein in die Geschichte, fast wie im Film (Stell dir vor …).

Jens, 1. Klasse (Schreibanlass: Erzählbild zum Wandern)

Wir sind auf Bergwanderung. Ich heiße Jens, meine Schwester Judith. Mein Vater und meine Mutter sind hinter uns. Wir machen ein Lagerfeuer. Nachher löschen wir das Lagerfeuer.

Bei den o. a. Überlegungen haben wir uns noch nicht mit der weiteren sprachlichen Gestaltung von Texten, wie das Setzen einer passenden oder besonders pfiffigen Überschrift und/oder der Einsatz von sprachlichen Mitteln (Wiederholung, Tempuswechsel etc.) beschäftigt.
Mein Vorschlag: Knappe Aufzeichnungen zu jedem Kind – eine Art Tagebuch der Schreibfähigkeiten und deren Entwicklung –, wobei besonders das Positiv-Auffällige notiert wird. Wir müssen dann selbst eine enorme sprachliche Sensibilität entwickeln, um „sehen“ zu lernen!
An einigen wenigen Beispielen aus den Klassen 1 und 2 möchte ich zeigen, was Kinder oft schon leisten, ganz ohne Anleitung und Hilfe bzw. ohne systematischen Unterricht (im Gegensatz zu der überholten Auffassung mit dem sog. „Aufsatzschreiben“ in Klasse 3 zu beginnen), der m. E. im Bereich „Texte schreiben“ derzeit kaum denkbar ist.

Andreas, Klasse 1 (Schreibanlass: ein Bild von einem Vogel im Käfig)

Mein Vogel heißt Kuki.
Mein Kuki klettert.
Mein Kuki schaukelt.
Mein Kuki frißt.
Mein Kuki fliegt durch die Wohnung.

Andreas hat den Text wie oben angeordnet und auch die Punkte gesetzt!

Robert, Klasse 1 (Stichwort Katze)
Katzenkönig ist krank.

Interessant ist das markante Ausrufezeichen! Vielleicht ein Hinweis darauf, was die Königin noch sagen wird (selbst schuld!). Ich denke, es ist selbstverständlich, dass in diesem Text in dieser Altersstufe nichts korrigiert bzw. verändert wird, auch nicht das von den „Normen“ abweichende Ausrufezeichen.

Ein Beispiel für stimmige Verknüpfungen liefert Lisa.

Lisa, Klasse 1 (Schreibanlass: Erzählbild zum Wandern)

Lisa und Daniel wandern mit ihren Eltern durch eine Schlucht. Plötzlich landen sie an einem Gasthof. Lisa trinkt eine Limo und Daniel eine Cola. Dann gehen sie weiter und dann zurück.

Auch „einfache“ Leistungen zu würdigen sollte hier wieder in Erinnerung gebracht werden. Sebastian hat einen sehr kurzen Text verfasst. Aber seine Verknüpfungsleistung ist stimmig:

Drei Sätze – ein Text!

Sebastian, Klasse 2 (Schreibanlass: Spieltiere)

Zwei Hasen

Zwei Hasen machen Techno. Der eine spielt Orgel. Der andere ist Sänger.

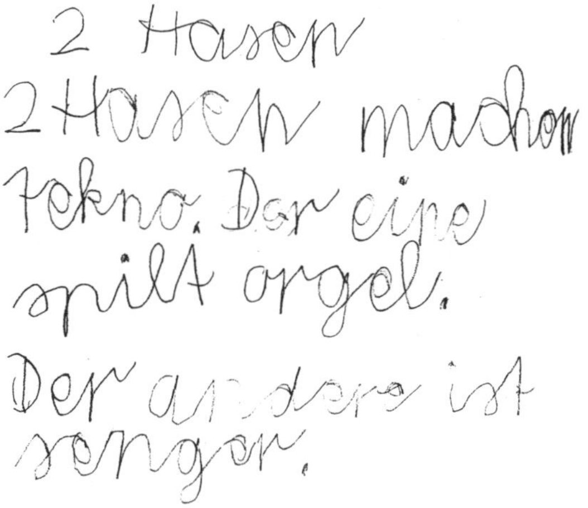
2 Hasen
2Hasen machen
Tekno. Der eine
spilt orgel.
Der andere ist
songer.

Thomas führt mit dem unbestimmten Artikel ein und verknüpft mit Pronomen und Konjunktion (Da).

Thomas, Klasse 2 (Schreiben zu Tulpenzwiebeln und Frühlingsblumen)

Es ging ein Hase spazieren. Da guckte etwas aus dem Schnee. Er grub es aus und sah eine Blume.

Nicolai und Marc beherrschen bereits Satzverbindungen mit Nebensätzen (ob, weil) sowie die Verknüpfung mit Pronomen.

Nicolai, Klasse 2 (Schreibanlass: s. o.)

Zwei Hasen fanden eine Zwiebel. Sie stritten sich, ob es eine Tulpenzwiebel oder eine normale Zwiebel ist. Da fanden sie noch eine Zwiebel. Da pflanzten sie beide Zwiebeln ein und eine Woche später kamen aus beiden eine Osterglocke. „Sollen wir uns wieder vertragen?“ und sie vertrugen sich wieder.

Marc, Klasse 2

Eine Mutter macht Zwiebeln. Da kommt der Sohn. Er guckt, weil seine Mutter Zwiebeln macht. Er kann nicht mehr hingucken. Er fängt an zu weinen. Der Junge geht weinend in sein Zimmer und legt sich ins Bett und schläft direkt ein.

Notieren sollte man auch, welches Optimierungs-“Programm“ man im Hinblick auf die weitere Arbeit mit dem jeweiligen Kind planen könnte.
An erster Stelle steht hier das Setzen von Satzschlusszeichen, vor allen Dingen von Punkten. Man wird den Zeitpunkt allerdings entsprechend den individuellen Gegebenheiten wählen. Die Korrektur/Überarbeitung muss z. B. nicht an dem Text erfolgen, an dem „etwas“ auffällig war, vor allem nicht in Klasse 2.
Manche Kinder setzen noch gar keine Punkte. Diese könnte man in einer kleinen Gruppe zusammenfassen und das Setzen von Punkten thematisieren.
Andere, wie z. B. Nicole und Markus, setzen die Punkte beliebig:

Nicole, 2. Klasse (Schreibanlass: Frühlingsblumen)

Der Osterhase legt jeden Tag fünf Eier
Der Osterhase bringt. Und legt viele Ostereier auf den Rasen
Und am Morgen gehen die Kinder. Zur Schule und dann.
Haben die Ostereier gesehen.

Markus, 2. Klasse

Ein schöner Ostermorgen.
Wo schon die Blumen.
Blühen und die ersten.
Weidenkätzchen blühen und.

Im Wohnzimmer die Oster.
Eier lagen und der Oster.
Hase lief weg.

Lässt man die Punkte ganz weg, so hat man den Eindruck eines lyrischen Textes (mit Trennungsstrichen bei Oster-eiern und Oster-hase). Vielleicht wäre das der beste Rat für Markus: Die Punkte einfach weglassen. Bei anderer Gelegenheit, bei einem anderen Schreibanlass oder anhand eines fremden Textes könnte man ihm erklären, wann üblicherweise Punkte gesetzt werden.
Entschließt man sich knappe Notizen zu machen, so kann vielleicht eine Entwicklung dokumentiert bzw. können Fortschritte festgehalten oder Rückschlüsse gezogen werden, bei welchen Themen bzw. Schreibanlässen diesem Kind das Schreiben leicht(er) fiel.

8. Texte veröffentlichen

Kindertexte als Lesetexte

Texte veröffentlichen heißt sie jemandem zum Lesen zur Verfügung zu stellen. Kindertexte als Lesetexte für andere Kinder sind ausgesprochen motivierend.

Dort, wo es bereits eine „Kultur“ des Büchermachens, des Zusammenstellens von Texten aus der Klasse gibt, greifen die Kinder – oft noch nach Jahren – immer wieder gern zu den eigenen Geschichten. Lesemotivation ist, neben der nicht zu unterschätzenden Würdigung, daher ein wesentliches Argument für das Veröffentlichen von Texten.

Die Formen der Veröffentlichung sind zahlreich:
- Aufhängen der Texte in der eigenen Klasse,
- Anlegen eines Klassenordners,
- Herstellung von kleinen Büchern oder Heften (themengebunden oder frei),
- Gestaltung einer Wandzeitung in der Schule etc.

Gelesen werden die Texte auf diese Weise von den Kindern der eigenen Klasse, anderen Kindern der Schule oder auch Erwachsenen. Kinder werden durch eine Veröffentlichung im Allgemeinen ungeheuer motiviert überhaupt zu schreiben und auch einen Text noch einmal in korrigierter bzw. überarbeiteter Form abzuschreiben oder abzutippen (dies sollte allerdings nicht überstrapaziert werden).

Texte aufs Papier bringen

Will man den technischen wie auch den Korrekturaufwand minimieren, so schreiben die Kinder sofort mit schwarzen Stiften (kopierfähig). Korrigiert wird mit Hilfe von Korrekturflüssigkeit oder Überklebebändchen von der Rolle. Auf der Kopie sind die neu eingesetzten Wörter dann nicht zu erkennen!

Sinnschritteinteilung als Lesehilfe

Werden Kindertexte neu getippt bzw. gedruckt, so kann man hierbei durch eine Einteilung nach Sinnschritten, untereinander in senkrechter Richtung (Fachausdruck: Vertikale Segmentierung), eine Strukturierungs- bzw. Lesehilfe geben. Dieses Verfahren eignet sich nur für kurze Texte.
Für längere Texte wäre das Setzen von Abschnitten als Lese- bzw. Verstehenshilfe sinnvoll.

Bücher „binden“

Was die technische Seite angeht, so ist vieles möglich: vom einfachen Zusammenheften mit einem Heftgerät, dem Lochen und mit einem Bändchen zusammenhalten bis zum „Binden“ mit Leinenband oder Spiralheftung (dazu braucht man eine Maschine, deren Anschaffung für die ganze Schule sich oft lohnt!). Wichtig ist immer das Deckblatt, das bei vervielfältigten Büchern individuell gestaltet werden kann. Bei „Klassen"-Büchern wird diese Aufgabe abwechselnd wahrgenommen!

Jedes Kind darf veröffentlichen

Wichtig ist, dass bei einer Veröffentlichung alle Kinder zum Zuge kommen: So kann man alle Texte zu einem Thema zusammenfassen oder ein Buch zusammenstellen mit dem interessantesten Text von jedem Kind (selbst ausgesucht) oder bestimmte Textsorten komprimiert präsentieren. Kurze und lange Texte, besonders „pfiffige" wie auch geschickt überarbeitete werden dabei gemischt. Wenn sich jedes Kind in einem Buch wiederfindet, so erlebt auch jedes Kind diese Form von Bestätigung und Ermutigung.

Zwei Arbeitsgänge

Da eine normierte Rechtschreibung denen hilft, die lesen, soll diese korrekt, d. h. korrigiert sein. Grammatische Abweichungen bezüglich Artikel- und Fallgebrauch etc. sollten, ähnlich wie „Privatschreibungen", ebenfalls verbessert werden.
Nach diesen, meist durch die Lehrperson durchgeführten Korrekturen, sind die meisten Kindertexte „fertig" für eine Veröffentlichung!
Texte, die im Hinblick auf ihre *Konstruktion* korrektur- bzw. überarbeitungsbedürftig sind, sollten mit den Kindern besprochen werden. In dieser Hinsicht ist individuelles Lernen bzw. individuelle Betreuung gefordert.
Eine Überarbeitung im Hinblick auf die stilistische Gestaltung, auf die persönliche Sprachverwendung, muss nach meiner Erfahrung sehr, sehr selten erfolgen (s. Kap. 7.1, *Gelungene Texte erkennen*). Da wir bei der Auswertung von Texten die Wirkungen bestimmter sprachlicher Mittel untersucht haben, da wir auf die positiven Effekte abgehoben haben, kann in diesen Zusammenhängen auch etwas tatsächlich „Störendes" (nicht nur subjektive Norm!) mit den jeweils Betroffenen thematisiert werden.

8.1 Texte überarbeiten/korrigieren

Wenn Texte korrigiert werden, so geht es einmal um einfache sprachlich-grammatische Korrekturen wie falschen Artikel- und Fallgebrauch – vor allem bei ausländischen Kindern –, zum anderen um textuale Korrekturen (Verknüpfung etc.), d. h. darum, einen Text „richtigzustellen" und damit verständlich zu machen.

Kinder oder Lehrperson?

Inwieweit dies von Kindern für Kinder selbstständig, d. h. in partnerschaftlichem Gespräch oder in kleinen Gruppen, geleistet werden kann, hängt vom sprachlichen Potential der Klasse wie auch vom Sozialverhalten der Gruppe ab. Im Zweifelsfalle sollte man die Kinder untereinander nur das Positive suchen lassen.
Die grundsätzliche Frage, ob der Text verständlich ist sowie einige wenige Bereiche,

wie das Setzen von Satzschlusszeichen, die Formulierung einer passenden Überschrift oder das Schreiben über das Ende hinaus könnten von den Kindern selbst thematisiert werden.
Ich meine allerdings, man sollte über die erzieherische Konsequenz von gegenseitigen Korrekturen gründlich nachdenken, bevor man eine entsprechende Aufgabenstellung gibt. Ich habe es erlebt, dass Kinder sich in kritische Bemerkungen regelrecht hineingesteigert haben und lauter „Kleinkram" anmerkten. In einer Klasse sagte auf die entsprechende Nachfrage denn auch ein Kind: „Man fühlt sich wie auf dem ‚heißen Stuhl '" (eine Fernsehsendung eines privaten Senders!). Auf meinen Einwand, wie dies zu ändern wäre, meinte ein Mädchen: „Man muss gleich alles richtig machen!" Und wir wollen das „Recht auf Fehler" bzw. den produktiven Umgang mit Fehlern vermitteln!

8.1.1 Einfache sprachliche Korrekturen

Falsche Bezeichnungen bzw. falsche Wortverwendung

Gemeint ist hier auf keinen Fall das, was mit dem so beliebten Zeichen „A" für „Ausdruck" verbunden wird. Wie schon erwähnt ist es je nach Textart durchaus möglich und sogar sinnvoll die ganz spezifische Sprache eines Menschen oder einer Gruppe zu benutzen (s. auch Kap. 7, *Gelungene Texte erkennen*). Als Beispiel für das Gemeinte ein Text aus einer zweiten Klasse:

Daniel, 2. Klasse (Schreibanlass: Erzählbild)

Ein Junge mit Skateboard fährt durch die Stadt. Und dann kommt ein anderer Junge mit einem Fahrrad. Und dann gibt es einen Crash.

Ob uns das gefällt oder nicht, Anglizismen haben Eingang in unsere Sprache gefunden. Dieser Junge findet offenbar das lautmalerische „Crash" näherliegend als die Bezeichnung „Zusammenstoß" (Medieneinfluss? Leseerfahrung?).
Auch die Formulierung „Ein Junge lebte *neben* dem Meer" entspricht nicht unseren Gewohnheiten: Es müsste natürlich „am" heißen. Aber ist die Ausdrucksweise unseres Schreibers nicht sehr eigenständig und anschaulich?
Was ein anderer Junge mit einem Treffen am „eingeschlagenen Hochsitz" meint, müsste allerdings erfragt werden.
Generell ist bei Unklarheiten das Nachfragen der günstigste Weg, denn oft gelingt es uns nur unzureichend uns in das kindliche Gedankengebäude hineinzuversetzen.
Korrekturen, die Kinder auf stimmige Sprachverwendung aufmerksam machen, wären z. B. die folgenden:
Statt „fahrten" „fuhren" (mit einer Anerkennung für logisches Denken/Übertragen: schlucken – schluckte etc.);
„Die Spuren sind wunderbare Formen …": statt „sind" (durchaus vorstellbar) „haben" (Üblich im Deutschen; dieser Hinweis ist hier wichtig, da das Kind gerade dabei war Deutsch zu lernen);

Statt „Wenn sich jemand verwundet…“ (deutschsprachiges Kind) „Wenn sich jemand verletzt“ oder „Wenn jemand verwundet ist“.

Satzstellung

Daniel (2. Klasse) schreibt:

Wir waren ich und meine ganze Fußballmannschaft auf einem Turnier und haben gewonnen.

Eine kleine Umstellung genügt, um den Kriterien für die Satzstellung im Deutschen Genüge zu tun:

Wir, meine ganze Fußballmannschaft und ich, waren auf einem Turnier und haben gewonnen.

Pronomen

Neben einer Korrektur im Hinblick auf Fallgebrauch und Satzstellung – in Sarahs Text müsste es heißen: „einen BMW“ sowie „... mit dem BMW in die Schule“ – sollte der folgende Text zum Anlass genommen werden mit diesem Kind (und/oder eventuell auch anderen) über die Verwendung von Pronomen zu sprechen.

Sarah, Klasse 3 (Schreibanlass: Automatisches Schreiben zu „Auto“)

Das Auto
Als mein Papa ein Auto gekauft hat, hat meine Mutter sich auch ein Auto gekauft. Mein Papa hatte ein BMW und meine Mutter hatte einen Polo und Sarah hat einmal gehupt. Mein Papa hat mich dann in die Schule mit dem BMW gebracht. Meine Mutter hat mich dann nach der Schule mit dem Polo abgeholt.

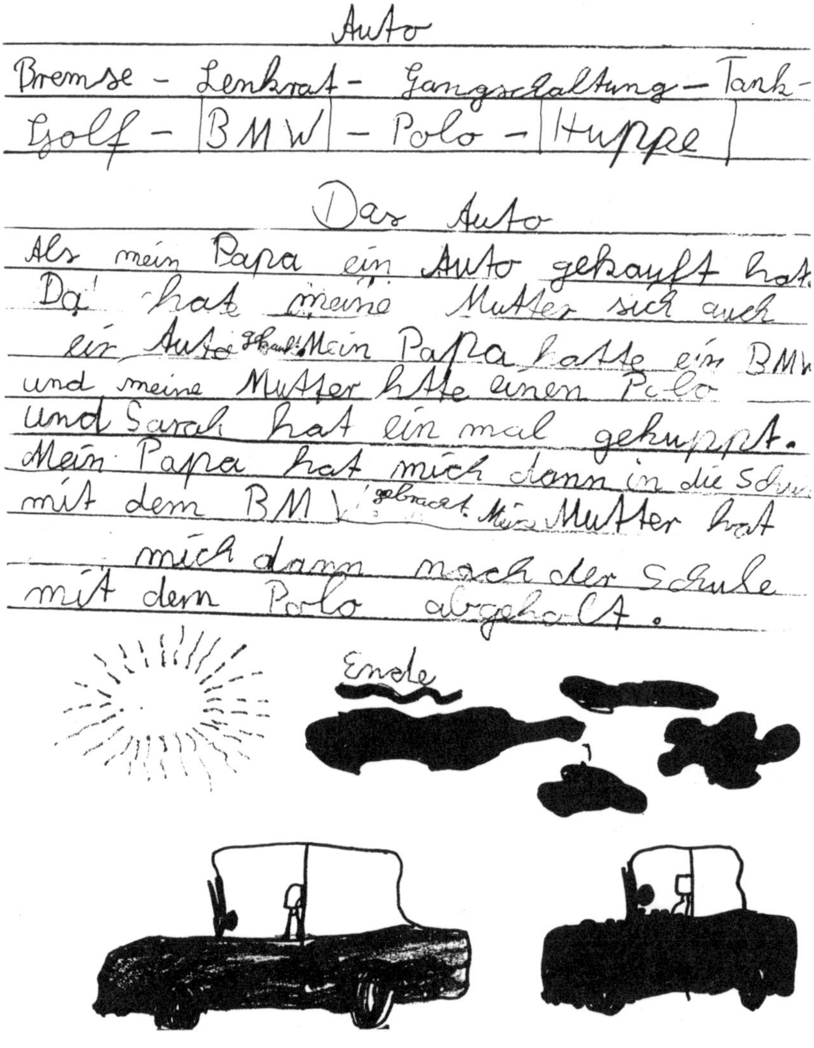

Zur textual-grammatischen Korrektur:

Sarah müsste in ihrem Text „ich" statt „Sarah" schreiben, da sie erzählt „mein Papa, meine Mutter". Ansonsten ist Sarahs Text stimmig (Anfang, Ende, verknüpft, d. h. verständlich). Zu fragen wäre vielleicht, wo Sarah gehupt hat bzw. ob diese Aussage zu ihrer Geschichte gehört (zwei Autos, Vater bringt hin, Mutter holt ab).

Tempus

Natürlich gibt es auch klare Tempusfehler, die korrigiert werden sollten. Wenn beim besten Willen (der muss allerdings vorhanden sein!) kein Grund für einen Tempuswechsel gefunden werden kann, so wird die notwendige Tempusform „still" eingesetzt.
Falsche Zeitenbildung, wie im folgenden Text von Verena, ist ebenfalls korrekturbedürftig.
In Verenas Text gibt es darüber hinaus noch anderes zu korrigieren:

Verena, 3. Klasse (Schreibanlass: Werkzeuge)

Der Schraubenschlüssel
Hatten wir mit zu unserer Höhle genommen. Wir hatten viel Spaß mit ihm als wir die Zuckerrüben stiebitzt haben. Hatten wir mit ihm Spaß, weil wir kein Messer hatten, um die Zuckerrübe aufzuschneiden also hatten wir den Schraubenschlüssel genommen.

Die notwendige Tempuskorrektur: statt „hatten … genommen" müsste es heißen „haben … genommen".
Die Überschrift könnte so lauten, offensichtlich hat Verena jedoch gleich weiter „gedacht"; dann müsste es allerdings heißen „Den Schraubenschlüssel hatten wir …". Dann würde eine neue Überschrift gebraucht.
Die andere Möglichkeit: „Hatten wir" müsste umgestellt werden: „Wir hatten … ihn …".
Man könnte fragen, wer denn nun „wir" ist, man könnte am Anfang sagen „Wir hatten einen Schraubenschlüssel …".
Ein Satzschlusszeichen fehlt ebenfalls: Vor „also" müsste ein Punkt gesetzt werden.
Man sollte allerdings niemals zu viel auf einmal besprechen oder anmerken, so dass man sich bei diesem Text vermutlich auf die o. a. Korrekturen beschränken würde. Oft ist dies ohne große Erklärungen sinnvoll.
Die geeignete Person ist nach meiner Erfahrung zumeist die Lehrperson (bei der häuslichen Korrektur bzw. dem richtigen Abtippen oder bei der Arbeit mit dem einzelnen Kind in den entsprechenden Unterrichtsphasen). In Zweifelsfällen bzw. wenn man nicht genau weiß, was das Kind ausdrücken wollte, sollte man in jedem Falle nachfragen und mit dem Kind zusammen eine Lösung finden.

8.1.2 Einen stimmigen Text schaffen

Ein stimmiger Text ist ein gelungener Text

Bevor wir einen Text als korrekturbedürftig einstufen, müssen wir uns noch einmal in Erinnerung rufen, was denn im formal-grammatischen Sinne ein gelungener Text ist (s. Kap. 7.1.1, *Textlinguistische Grundlagen, Textmodell*):
Jeder Text hat einen Anfang und ein Ende. Die Bezeichnungen „Anfang“ und „Ende“ gegenüber der gewohnten Terminologie „Einleitung“ und „Schluss“ hat m. E. den Vorteil, dass hiermit nicht so viele „feste“ Vorstellungen verbunden sind, auch was den Umfang angeht!
Das, was zwischen Anfang und Ende steht, muss einen Zusammenhang haben (natürlich auch mit dem Anfang), es muss miteinander verknüpft sein und zwar sowohl inhaltlich (Bedeutungsebene: semantisch und pragmatisch) als auch formal (syntaktisch und pragmatisch).
Ist dieser Tatbestand erfüllt, dann ist der *Text verständlich* (unter der Voraussetzung, dass wir Vorstellungen entfalten können, dass wir Anschlüsse finden an unser Welt- und Sprachwissen), wir finden die „Textkonsequenz“, wir verstehen, was uns mitgeteilt wird.
Einschränkend möchte ich an dieser Stelle anmerken, dass, wenn es um das Textverstehen von Kindern geht, nicht alle Kinder alle Satzmuster verstehen (Nebensätze etc.), geschweige denn in ihrem mündlichen oder schriftlichen Sprachgebrauch verwenden. Eine Aufgabe der Leseerziehung, der Entwicklung der Lesefähigkeiten, besteht darin zumindest das passive Repertoire zu erweitern, vielleicht auch anhand der Lektüre von Texten anderer Kinder.
Die „klassischen“ Reizwortgeschichten sollten letztendlich dazu dienen den *Unterschied* zwischen Text und Einzeläußerungen deutlich zu machen. Nehmen wir das Beispiel: Wald – Elefant – Maus – Überraschung.
Unverbundene Aussagen: Im Wald gibt es viele Bäume. Ein Elefant ist grau. Eine Maus ist ein kleines Tier. Ich freue mich über eine Überraschung.
Zu einem Text verbunden werden jene Wörter durch Verknüpfungen (Einführung, Verknüpfung über Artikel und Pronomen, Konjunktionen etc.):
In einem Wald gingen ein Elefant und eine Maus miteinander spazieren. Sie fanden eine Kiste. Als sie die Kiste aufmachten, war die Überraschung groß. Es waren lauter bunte Federn darin.

An einem Kindertext möchte ich noch einmal zeigen, wie ein gelungener Text u. a. aussehen kann:

Jenny, 3. Klasse (Schreibanlass: Schuhe)

Ich habe verschiedene Schuhe gefunden
Ich und meine Freundin sind im Park spazieren gegangen. Da haben wir verschiedene Schuhe gefunden. Ich habe sie mitgenommen. Ich habe sie meiner Mutter gezeigt. Meine Mutter hat gesagt, ich kann sie zum Spielen haben. Ich habe mein Leben gern damit gespielt.

Anfang: Die Personen werden eingeführt „ich und meine Freundin"
verknüpft wird mit „wir", „spazieren gegangen" – „Da";
sodann „verschiedene Schuhe" – „sie" – „sie" – „sie";
„mitgenommen" (nach Hause, wo die Mutter ist) – „gezeigt" (mit der Erwartung einer Reaktion) – „kann ... zum Spielen haben" (Erlaubnis, Reaktion);
„zum Spielen" – „gespielt";
Ende: zusammenfassender Kommentar zum „Spielen" (Ergebnis) – „mein Leben gern" .
Textkonsequenz: Wir verstehen die Geschichte von den gefundenen Schuhen: Mutter erlaubt sie zu behalten; das Spielen damit hat viel Spaß gemacht.
Die Überschrift passt. Sie ist etwas anders formuliert als üblich (häufig sind eher substantivische Formulierungen wie „Der Schuhfund" etc.), aber in diesem Bereich ist inzwischen „alles" möglich.
Ob eine Überschrift besonders pfiffig oder interessant ist, ist ein Thema für die stilistische Überarbeitung bzw. Optimierung von Texten.
Es kommt vor, dass Kinder statt eines Textes unverbundene Sätze schreiben. Das passiert nach meiner Erfahrung sehr selten im Rahmen offener Schreibanlässe, da Kinder hier ihre eigene Schreib-, d. h. Textidee entwickeln und damit einen Zusammenhang im Kopf haben. Es passiert vor allen Dingen dann nicht, wenn man die Kinder ermuntert kurze Texte zu schreiben bzw. bei Kindern mit Schwierigkeiten mit *einem Satz* als Textäußerung anfängt!

Christian (2. Klasse) hat als ersten Text diesen Satz geschrieben:

Die Katze spielt in der Küche.

Daniel und Jacqueline (2. Klasse) haben mit zwei Sätzen einen Text geschaffen:

Daniel

Unsere Nachbarn haben Katzen. Sie lassen sich nicht streicheln.

Jacqueline

Die Katze spielt mit dem Ball. Die Katze hat den Ball kaputt gemacht.

„Lücken" füllen

In den folgenden Texten von Asmus und Jacqueline sind Verbindungen nicht sichtbar. Es kann jedoch sein, dass Asmus aufzählen wollte, was die Katze hintereinander tut. Hier wäre es also wichtig zu fragen! Man könnte ihm bei Bedarf sagen bzw. zeigen, dass mit „Dann, Danach" eine Verknüpfung geschaffen werden kann.

Asmus (2. Klasse)

Die Katze spielt mit dem Ball in der Küche. Die Katze fängt eine Maus. Die Katze trinkt Milch.

Ähnlich stellt sich das Problem bei Jessica (2. Klasse). Sie schreibt:

Die Katze spielt mit dem Ball in der Küche. Die Katze frißt Katzenfutter.

Eine Verbindung wäre gegeben mit: „Die Katze hört auf zu spielen und" … oder … oder …
Die von den Kindern so strapazierte Verknüpfung mit „(und) dann" wäre hier immerhin eine Möglichkeit, besonders für den „Anfang".

Exkurs:

Dass Kinder, die in der ersten Klasse mit dem Textschreiben anfangen und ohne Fibel schreiben und lesen lernen, oft ganz andere Formulierungen wählen als Kinder, die ein Jahr lang mit „Fibelsprache" konfrontiert wurden, wird m. E. an einigen Mut-Texten deutlich (s. S. 24 f.). Es ist denkbar, dass Sozialisationseffekte von Fibeltexten u. a. darin bestehen, dass Kinder vorzugsweise bestimmte Satzmuster (Subjekt vorn usw.) kopieren.

Im folgenden Text von Sebastian fehlt die Verknüpfung von Satz 1 zu Satz 2.

Sebastian, 3. Klasse (Schreibanlass: Schuhe)

Die Wanderschuhe
Ich habe neue Schuhe bekommen. In ein paar Tagen war ein Zeltlager. Ich habe die Schuhe oft angehabt. Und ich trug sie drei Jahre lang. Und noch ein Jahr.

Wenn Satz 2 ganz weggelassen wird, entsteht ein stimmiger Text:
Ich habe neue Schuhe bekommen. Ich habe die Schuhe oft angehabt …
Falls Sebastian jedoch ausdrücken wollte, dass er diese Schuhe ein paar Tage später schon getragen hat bzw. dass sie für das Zeltlager angeschafft wurden, so müsste der Text z. B. so korrigiert werden:
Ich habe neue Schuhe bekommen. In ein paar Tagen war ein Zeltlager. Ich habe die Schuhe *dort* oft angehabt.

In Linas Kartoffel-Text ist ebenfalls eine „Lücke“:

Lina, 4. Klasse (Schreibanlass: Kartoffeln)

Wie die Kartoffel wächst und wo sie herkommt
Die Kartoffel wächst unter der Erde. Sie hat eine Mutterknolle. Die Kartoffel stammt aus Südamerika, aus den Anden, und schon die alten Inkas bauten die Kartoffel vor mehr als 2000 Jahren als Gemüse an. Die Spanier haben die Kartoffel in der ganzen Welt verteilt. Mit einer Gabel wird in die Erde gestochen und dann herumgedreht. Dann kann man die Kartoffel ernten. Man kann sie jetzt waschen und dann kochen.

Teilt man den Text ein, so hat man drei Abschnitte: Beschreibung der Kartoffel, Herkunft, Ernte. Zwischen Teil 2 und 3 fehlt eine Verbindung. Diese könnte so aussehen:
… verteilt.
Will man die Kartoffel ernten, so wird mit einer Gabel …
Der vorletzte Satz mit dem Stichwort „ernten“ wird sozusagen an die passende Stelle geholt.
Das Einteilen in Abschnitte, das Gliedern eines Textes, kann eine Hilfe darstellen, um optisch zu markieren, über welche „Unter-Themen“ gesprochen wurde.
Im Übrigen bringt eine Einteilung in Abschnitte eine enorme Strukturierungshilfe für die Lesenden! Daher sollte neben der Einführung von Satzschlusszeichen (falls dies noch nötig ist) bereits in Klasse 2, falls hier Beispiele von Strukturierung vorkommen, das Gliedern eines Textes in Abschnitte besprochen werden. In Klasse 3 und 4 gehört es m.E. zum Grundwissen über Textgestaltungsmöglichkeiten.

Verknüpfungen korrigieren

Michaela, 4. Klasse (Schreibanlass: Stichwort: Spuren)

Verschiedene Spuren
Vögel, Katzen, Hunde, Hasen, Füchse, Mäuse, überall entdeckt man Spuren. Im Wald entdeckt man Spuren von Füchsen oder von Mäusen. Die Spuren können von vielen Tieren abstammen. Man kann sich auch beim Spurensuchen vertun, denn manche Spuren sehen sich ähnlich.

Der Anfang ist m. E. ausgesprochen originell gestaltet (Konfrontation: Vögel ..., Zusammenfassung: – ganz exakt – ... ihre Spuren). Der zweite Satz ist verknüpft über das „überall“ und „im Wald“, zwischen Satz 2 und 3 gibt es einen logischen Widerspruch (semantisch: erst „Füchse“, dann „von vielen Tieren“).

Lässt man den bestimmten Artikel weg (und setzt man einen Absatz), so wird deutlich, dass sich die beiden letzten Sätze auf einer allgemeinen Ebene bewegen:

Vögel, Katzen ..., überall entdeckt man Spuren. Im Wald ... *Spuren* können von vielen Tieren stammen. Man kann sich beim Spurensuchen vertun, ...

Es hilft manchmal, wenn man den Kindern den Tip gibt, das zu „markieren“, was zusammengehört und damit sozusagen die „Unter-Geschichten“ ihres Textes zu ermitteln.

Textanfang

Hier gibt es nur selten Probleme, da die meisten Kinder intuitiv richtig „einführen“. Der Textanfang von Anne müsste allerdings überdacht werden.

Anne, 3. Klasse (Schreibanlass: Schmuck)

Wir hatten mal die blauen Perlen. Meiner Schwester sind die Perlen runtergefallen, und sie sind zersplittert. Meine Mutter hat sich geärgert, weil sie soviel Geld gekostet hat. Und dann kehrte (sie) die Scherben auf. Wir haben wieder welche.

Anne „verstößt“ bei ihrem Textanfang gegen die Regel der Einführung von Unbekanntem mit dem unbestimmten oder dem 0-Artikel. Da dieser Regelverstoß nicht als Stilmittel fungiert, könnte bzw. sollte (dritte Klasse) dies ohne viel Aufhebens korrigiert werden.
Die nicht ganz klare Anbindung des „Wir“ ist mit etwas Wohlwollen herauszufinden: Meine Schwester ... (also die Erzählerin und ihre Schwester).
„Sie“, die so viel Geld gekostet hat, ist vermutlich eine Kette. Über diese „Lücke“ sollte man mit Anne sprechen. Das Pronomen „sie“ für Mutter wird sicherlich schnell gefunden.

Textende

Wenn über das Textende hinausgeschrieben wird, so reicht zumeist ein Hinweis, wo denn die erste Geschichte aufhört. In einem Text über Wasserpflanzen und -tiere sowie Protestaktionen zum Erhalt schützenswerter Lebewesen im Meer wird zum Schluss vom Unfall der Titanic berichtet. Die Zuhörenden (Klasse 4) fanden sofort heraus, dass am Ende schon wieder eine neue Geschichte anfängt (deutlich auch durch den Wechsel der Textsorte).

Wie sehen Sie das Textende im folgenden Text?

Christoph, 3. Klasse (Schreibanlass: situativ zur Pause)

Glück in der Kälte
Es war einmal ein kalter Tag. An diesem Tag hatte sich fast alles gegen mich gewendet: Ich kam bei Mathematik nicht voran. Meine Schwester Astrid und meine Freunde wollten nicht mit mir spielen. Der Wind war so kalt. Einfach nicht mein Tag. Doch auf einmal wurde es wärmer. Ich guckte nach oben. Die Sonne schien, ich war außer mir vor Freude. Ich war richtig glücklich. Es war vorbei. Doch jetzt ging die Sonne wieder weg. Nur, ich war noch glücklich. Dann war die Pause zu Ende, wir mussten wieder rein, aber jetzt kam ich schneller voran.
Dann war die Schule zu Ende. Die Kinder von Bus 6 sind mit Bus 6 nach Hause gefahren.

Der letzte Satz bzw. die beiden letzten Sätze von Christoph schließen durchaus an an seine Geschichte, sind aber im Grunde nicht mehr von Interesse. Man müsste ihn *selbst entscheiden* lassen, ob der Schulschluss und die Sache mit dem Bus wirklich bedeutungsvoll für seine Geschichte vom Stimmungswechsel sind. Im Übrigen wären wir sicherlich alle hoch erfreut über die vorliegende sprachliche Leistung!

Im folgenden Text hat der *Schlusssatz* allerdings *keinen Zusammenhang* mit dem restlichen Text und könnte ganz einfach gestrichen werden.

Markus, 3. Klasse (Schreibanlass: Automatisches Schreiben zu „Lesen“)

Schönes Lesen
Ich finde Lesen schön. Ich lese gern eine Geschichte und Märchen. Aber ich mag auch spannende Geschichten. Letztens habe ich Doktor Schimmel gelesen. Das Buch war sehr schön. In der Schule lernen wir Lesen, Schreiben und Rechnen.

Satzschlusszeichen setzen

Der folgende Text von Jan ist absolut stimmig und mit interessanten sprachlichen Mitteln gestaltet (Textanfang, knappe Formulierungen). Was fehlt, sind lediglich Zeichen im Text. Er hat am Schluss einen Punkt gesetzt, so als sei das aufregende Geschehen dann erst beendet.

Jan, 3. Klasse (Schreibanlass: Spielzeugautos)

Der Porsche 959
Den Porsche fährt Jan er ist ein guter Fahrer Achtung es geht los er gibt Gas wie noch nie die Reifen drehen durch er fährt ein Looping er fährt auf eine Schanze wo ein Reifen ist der brennt und er fährt aber sein Fahrzeug brennt er überschlägt sich er springt raus in diesem Moment explodiert sein Auto.

Man könnte Jan eine Lösung vorschlagen (es gibt auch andere) und ihn selbst testen lassen, was einfacher vorzutragen ist.

Vorschlag:

Den Porsche fährt Jan. Er ist ein guter Fahrer. Achtung, es geht los! Er gibt Gas wie noch nie! Die Reifen drehen durch. Er fährt ein Looping. Er fährt auf eine Schanze, wo ein Reifen ist, der brennt. Und er fährt. Aber sein Fahrzeug brennt. Er überschlägt sich. Er springt raus. In diesem Moment explodiert sein Auto.

Passende Überschrift

Auch in diesem Bereich gibt es selten Schwierigkeiten. Es kommt schon einmal vor, dass in der Überschrift verraten wird, was kommt. So in einer Geschichte von einer überraschend entdeckten und gedeuteten Spur: Die Überschrift hieß: „Die Spur von einer Blindschleiche". Dies merkten die zuhörenden Kinder (4. Klasse) beim ersten Textvortrag.
Die Überschrift „Der schöne Ostern" (3. Klasse), die einige Zeit nach dem Schreiben gefunden wurde, passte nicht zu dem produzierten Sachtext (was Blumen alles brauchen: Wasser, Erde etc.). Hier sollte man mit dem Kind eine Alternative finden.
Im Hinblick auf das Setzen einer Überschrift gilt stets die Regel: Jedes Kind findet seine Überschrift für seinen Text. Denn *jeder individuelle Text hat auch eine individuelle Überschrift.*

Abschnitte setzen

Das Setzen von Abschnitten führt zu einer Strukturierung von Texten und macht sie damit besser „lesbar". Außerdem können durch Abschnitte Markierungen gesetzt werden, die eine zusätzliche Aussagekraft haben.
Am folgenden Text über die Vor- und Nachteile von Stadt und Wald könnte man dies zeigen: Zuerst ist von den Nachteilen der Stadt die Rede, dann vom schönen Wald. Der dritte Abschnitt enthält nach „klassischer" Manier die Conclusio, die Konsequenz.

Anna, 4. Klasse (Schreibanlass: Kassette mit Vogelstimmen)

Umwelt
Wenn ich die Straße überqueren will, denke ich immer: eigentlich ist viel zu viel Verkehr. Und wenn die Ampel rot ist, dauert es immer viel zu lange, bis es grün ist. Und wenn es grün ist, dann ist es viel zu kurz, um die Straße zu überqueren. Deshalb gehe ich statt über die Straße durch den Wald. Und ich vergleiche den Wald mit der Straße. Der Wald ist ein ruhiger Ort, außer daß die Vögel zwitschern. (Aber) Ich gehe gern durch den Wald. Es ist schön grün im Wald und frisch, daß man tief durchatmen kann. Und in der Stadt ist es viel zu stickig, um tief durchzuatmen. Deshalb genieße ich es im Wald, aber in der Stadt wird mir schlecht.

Texte nicht-deutschsprachiger Kinder korrigieren

Schreiben ausländische Kinder oder Kinder, die zwar Deutsche sind, aber die deutsche Sprache noch nicht beherrschen (Umsiedler, Aussiedler), einen Text, so kostet sie dies noch wesentlich mehr Mühe als die Anderen. Sie müssen darin bestärkt werden diese Arbeit auf sich zu nehmen, indem begrenzte Aufgaben (kurze Schreibanlässe) gestellt und ihre diesbezüglichen Leistungen gewürdigt werden.
Den Text eines fremdsprachigen Kindes sollte man in richtiges Deutsch „übersetzen" und dem Kind dabei klarmachen, dass dies nach wie vor *sein* Produkt ist. Anschließend kann das Kind den Text mehrmals still lesen und dann vorlesen (Würdigung durch die anderen Kinder!). Gelegentlich kann der korrigierte Text auch abgeschrieben werden, um ein Gespür für eine passende sprachliche Ausdrucksweise zu entwickeln.
Das folgende Produkt von Diren sollte sprachlich und rechtschriftlich korrigiert werden. Artikel, Wortendung -er sowie die notwendige Ergänzung zu „schlagen" sollten ihm erklärt werden.

Diren, 2. Klasse (Schreibanlass: Erzählbild)

Auf den Boot sitzen zwei Kinder.
Auf den sant sind viel leute.
Auf den wasa ist ein Segelboot.
Die welen schlagen
Auf den Boot sind zwei Ruder.
hinter den Strand sind viele Häuser.

Diren hat offensichtlich das vorgelegte Bild beschrieben. Er hat einzelne stimmige Aussagen gemacht. Dies sollte man ihm zuerst einmal bestätigen. Man könnte zusätzlich anbieten aus seinem „Material" eine Geschichte zu machen. Die könnte dann u. a. so aussehen:

Auf dem Wasser ist ein Segelboot. Auf dem Boot sitzen zwei Kinder. Die Wellen schlagen hoch. Auf dem Sand sind viele Leute. Sie ... (haben Angst?).

Ein solchermaßen „freigelegter" Text sollte, wenn er veröffentlicht wird, mit dem Kind zusammen erarbeitet werden, damit es ihn als „sein" Produkt erkennt.

Eine Textbesprechung

Janetta erzählt im folgenden Text von zwei „Themen": Wie Murmeln sind und was man damit tun kann. Sie hat diese Aussagen „gemischt" und verfehlt damit die Verknüpfungen (von Satz 3 nach Satz 4). Janetta hat keine Punkte gesetzt. Es ist zu überlegen, ob man mit ihr am Beispiel dieses Textes sowohl das Setzen von Markierungszeichen (Punkt am Ende einer Aussage) als auch eine „Sortierung" thematisiert. Sie hat offenbar mit einer Beschreibung angefangen, setzt mit der Funktion fort, dann fällt ihr noch etwas zum Aussehen ein.

Janetta, 3. Klasse (Schreibanlass: Murmeln)

Die Murmel
Die Murmeln sind rund
mit den Murmeln kann man spielen und schöne Spiele machen
das macht aber Spaß und sie sind öfters bunt aber ich finde
wenn sie bunt sind und manchmal glitzern
und ich habe auch Murmeln

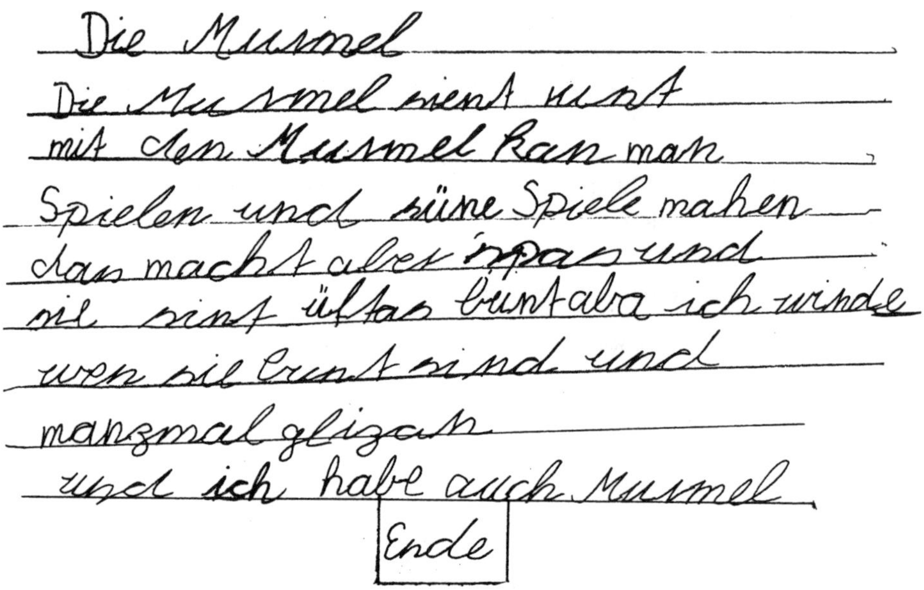

Die Murmel
Die Murmel sient runt
mit den Murmel Kan man
Spielen und süne Spiele mahen
das macht aber spas und
sie sint öftas buntaba ich winde
wen sie brunt sind und
manzmal glizan
und ich habe auch Murmel
Ende

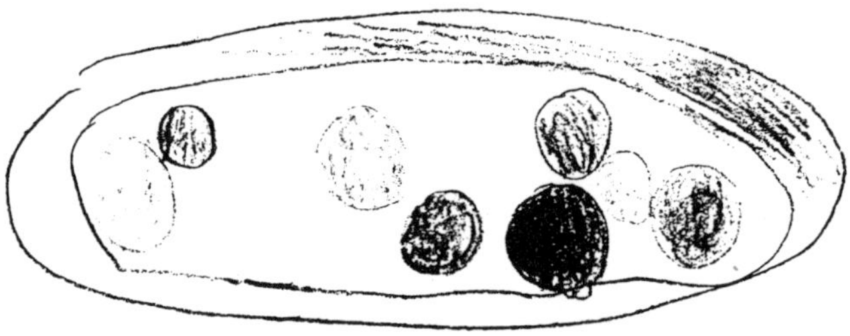

Eine Besprechung könnte wie folgt aussehen:
Das „die“ brauchen wir nicht. Es genügt zu sagen: „Murmeln“ sind rund.
Du hast noch etwas anderes geschrieben von den Murmeln, das könnten wir gleich hierher tun: „Und sie sind öfters bunt.“
Dazu, dass sie bunt sind, hast du noch etwas gesagt: Aber ich finde, wenn sie bunt sind und manchmal glitzern … Was ist dann damit? Was möchtest du sagen? Je nach Antwort müssen wir jetzt das „aber“ wegfallen lassen!
Möchtest du jetzt von deinen Murmeln erzählen? „Und ich habe auch Murmeln.“
Jetzt kommt, was man damit tun kann.

Weißt du was, wenn ich dir den Text jetzt noch einmal aufschreibe, setzen wir gleich einen Punkt, wenn eine Sache zu Ende ist und wir beim Vorlesen eine Pause machen.
Der Text sähe nach dieser individuellen Besprechung dann so aus:

Murmeln sind rund. Und sie sind öfters bunt. Ich finde, wenn sie bunt sind und manchmal glitzern, sind sie besonders schön.
Und ich habe auch Murmeln. Mit den Murmeln kann man oft spielen und schöne Spiele machen. Das macht Spaß.

Jetzt haben wir ein verknüpftes Gebilde mit Anfang und Ende, einen stimmigen Text. Bei einer individuellen Besprechung wie der hier notwendigen ist großes Einfühlungsvermögen gefragt. Es sollte so wenig wie möglich in die Ausdrucksweise eingegriffen werden, um dem Kind nicht das Gefühl zu geben, dass am Ende ein völlig anderer Text da steht, der mit den eigenen Ursprungsgedanken nichts mehr zu tun hat. Wichtig ist die Bestätigung, dass es sich nach wie vor um den Text *dieses* Kindes handelt, der besser lesbar gemacht wurde.
Stehen alter und korrigierter Text nebeneinander, so kann das Kind beide noch einmal lesen (vielleicht sogar erst nach ein paar Tagen) und entscheiden, welcher für es selbst leichter lesbar ist.

Mit Kindern über Texte sprechen

Ist man unsicher in dem, was man zu einem Kindertext anmerken möchte, ist der erste Eindruck eines Textes wirr oder unverständlich, so sollte man den Kontakt mit dem Kind suchen und nachfragen.
Hat man einen Vorschlag für die „Optimierung" eines Textes, so sollte man den *Vorschlagscharakter* der eigenen Idee auch sprachlich deutlich machen: „Ich finde, dass die Geschichte hier zu Ende ist. Ich schlage dir vor …". Dabei kann es natürlich passieren, dass das Kind den entsprechenden Vorschlag nicht annimmt!

8.2 Rechtschreibkorrektur

Wenn Kinder schreiben lernen, so bilden sie damit die grundlegende Fähigkeit für das Verfassen eines schriftlichen Textes aus. Um einen Text zu produzieren, muss die Rechtschreibnorm nicht beherrscht werden.
Die einzelnen Wörter müssen allerdings in irgendeiner Weise erkennbar sein. Schreiben Kinder zu Beginn weitgehend lauttreu, so können sie selbst oder eine erfahrene Lehrperson diese verschlüsselten Wörter auch wieder entschlüsseln. Im Laufe der individuellen Rechtschreib-Entwicklung werden lauttreue Schreibungen immer seltener und durch regelgerechtes Schreiben abgelöst.
Durch häufiges Schreiben und die Arbeit mit den eigenen Falschschreibungen (nicht unbedingt im Zusammenhang mit einer Textkorrektur) können wir Fortschritte im Hinblick auf eine Förderung der Rechtschreibleistung erzielen!

8.2.1 Erst schreiben – dann korrigieren

Ungehemmt schreiben

Schreiben heißt nicht Rechtschreiben. Das *Schreiben eines Textes* muss so weit wie möglich *von der Rechtschreibung entlastet* werden. Kinder, die sich selbst und damit ihren Gedankengang ständig unterbrechen, um über die korrekte Schreibweise nachzudenken bzw. anfangen nachzuschlagen, hemmen ihren Schreibfluss.

Schreiben auf lose Blätter

Um den Entwurfscharakter des ersten Schreibens deutlich zu machen, um die Hemmungen vor dem „schönen" Heft zu nehmen, ist es m. E. sinnvoll auf Einzelpapierseiten, und zwar möglichst im DIN-A4-Format (längere Zeilen, besserer Überblick), schreiben zu lassen. Das Schreiben mit Bleistift erleichtert dabei unauffällige Korrekturen, d. h. das Kind sieht seinen korrigierten Text sofort vor sich.

Kinder wollen richtig schreiben

Manche Kinder sind sehr besorgt, dass sie etwas Falsches schreiben könnten. Diesen Kindern muss man erklären, dass die meisten Menschen, die etwas schreiben, dies zuerst einmal „für sich" notieren und dann erst an die Rechtschreibung denken. Wenn Kinder nach einer Schreibweise fragen, so kann man ihnen sagen, dass sie zuerst einmal versuchen sollen das Wort, so wie sie es hören (also lauttreu) aufzuschreiben und mit einem Pünktchen drunter zu versehen. Am Ende kann man dann noch einmal darüber in aller Ruhe nachdenken. Auf diese Weise vergisst man nicht das, was man eigentlich schreiben wollte und die Gedanken werden nicht durch die Rechtschreibproblematik abgelenkt.
Man kann Kindern durchaus sagen, dass alle Menschen, die schreiben, *zuerst* ihre *Gedanken aufs Papier* bringen und dann alles noch einmal durchlesen, ob sie nichts vergessen haben und ob alles so bleiben kann wie es ist, d. h. ob der Text verständlich ist (textuale Überprüfung). Dann sehen sie sich an, ob die Rechtschreibung stimmt und schlagen in Zweifelsfällen im Wörterbuch nach. Hierbei überhaupt Zweifel zu „spüren" und damit *Fehlersensibilität* zu *entwickeln*, ist ein wesentliches Ziel unseres Rechtschreibunterrichts.

Stellenwert der Rechtschreibung

Der Arbeitsgang der Rechtschreibkorrektur steht immer im Zusammenhang mit einer Veröffentlichung, d. h. mit der Absicht, den Text jemandem vorzulegen, damit dieser ihn lesen kann.
Wenn die Rechtschreibung im Zusammenhang mit der Textproduktion einen zu großen Stellenwert gewinnt, so gewöhnen sich manche Kinder an, Wörter, die sie nicht richtig schreiben können, gar nicht erst zu benutzen. Damit werden Textgestaltungsmöglichkeiten „verschenkt", die Texte sind auf eine merkwürdige Art schlicht.

Selbstständige Korrektur

Wenn man Texte für eine Veröffentlichung korrigieren will, so ist zu fragen, welchen Anteil daran die selbstständige Arbeit der Kinder hat. Es kann passieren, dass Kindern das Schreiben verleidet wird, wenn die Rechtschreibung in ihren Texten „lang und breit" thematisiert wird und damit eine zu starke Gewichtung erfährt (gegenüber der Fähigkeit einen Text zu produzieren).
Sinnvoll ist es eher Rechtschreibprobleme zu notieren und daraus Wörter für den individuellen oder den Klassen-Grundwortschatz zu gewinnen oder ein individuelles Lernprogramm zu erstellen.
Rechtschreibstarke Kinder, in deren Texten nur *wenige Rechtschreibfehler* zu finden sind, können nach Hinweisen – z. B. Markierung der Wörter – eventuell selbstständig nachschlagen oder durch Nachdenken und Anwenden von Regularitäten (Wörter verlängern, ableiten etc.) Korrekturen vornehmen.

Rechtschreibschwache Kinder

Je kleiner die Kinder sind bzw. je größer die Rechtschreibprobleme sind, desto eher sollte die *Lehrperson* die Korrekturen vornehmen. Dies kann, wenn *mit Bleistift geschrieben* wurde, durch Radieren und Einsetzen des Richtigen erfolgen.
Bei nicht Deutsch sprachigen Kindern bzw. bei Kindern mit extremen Ausfällen ist die Problematik eine besondere: Hier sollte die Lehrperson gemeinsam mit dem Kind bzw. den Schreibprozess begleitend das Gedachte und Entworfene zu Papier bringen.

Texte abschreiben?

Es gibt die Gewohnheit diesen Text dann in der richtigen Form abschreiben zu lassen. Das kann hier und da sinnvoll und motivierend sein, z. B. wenn ein eigenes Geschichtenbuch mit farbigen Seiten etc. gestaltet werden soll. Wird dies zu häufig praktiziert, so kann es jedoch dazu führen, dass Kinder das Schreiben langer Texte vermeiden, um nicht so viel Abschreibarbeit zu haben.

Kinder im Anfangsunterricht

Wenn Texte der Kinder einer ersten Klasse veröffentlicht werden, so sollten die zauberhaften *Privatschreibungen erhalten* bleiben. Als Lesehilfe sollte das Richtige – „klein und fein" – mit Bleistift und in Druckschrift daruntergeschrieben werden. Es ist immer wieder erfrischend zu beobachten, wie Kinder einer dritten Klasse ihre eigenen Texte aus der ersten Klasse lesen und sich amüsieren.

Texte nur einmal schreiben

Will man Texte veröffentlichen ohne sie noch einmal abschreiben zu lassen oder selbst zu tippen, so kann man *mit schwarzem Stift schreiben* lassen und die Korrekturen mit Korrekturflüssigkeit oder Überkleben (schmale Papierbändchen von der Rolle) und Einsetzen anbringen. Auf einer Fotokopie sind dann keinerlei Eingriffe zu erkennen!

Die beliebteste Art des *Abschreibens* ist jedoch die, dass Kinder selbst den Computer bedienen dürfen. Es ist zu hoffen, dass wir in Zukunft mehrere Geräte in jedem Klassenraum vorfinden!!
Eine solche Ausstattung würde die Möglichkeit eröffnen einige Kinder (vor allem die rechtschreibschwachen) *sofort am Bildschirm arbeiten* zu lassen. Damit ist das „Risiko“ der Falschschreibungen gemindert, die Scheu im Hinblick auf das eigene Unvermögen geringer, da ja am Computer alles ganz schnell korrigiert werden kann.
Es kommt noch etwas anderes hinzu, was nur der Computer zu „bieten“ hat: Der Text muss nicht linear produziert werden, man kann „lockerer“ schreiben, den *Text* immer wieder *revidieren,* indem man einfügt, umstellt, streicht. Kinder können bei einiger Übung von Anfang an ihre Texte selbst überarbeiten/korrigieren. Hilfen bzw. Hinweise durch die Lehrperson sind eventuell überflüssig.

8.2.2 Aus eigenen Fehlern lernen/Ein individuelles Rechtschreibprogramm erstellen

Vorliegende Kindertexte kann man als Lehrperson nicht nur im Hinblick auf die Schreibfähigkeiten und ihre Entwicklung auswerten, sondern ebenfalls in Bezug auf die Rechtschreibung.
Wörter, die Kinder schreiben können, müssen nicht mehr geübt werden. Dies ist eine Binsenweisheit. Wollen wir herausfinden, was das jeweilige Kind nicht schreiben kann bzw. mit welchen Rechtschreibregularitäten es noch nicht vertraut ist, so können wir die entsprechenden Hinweise aus den geschriebenen Texten entnehmen. Dies kann dann Grundlage für ein individuelles Lern-„Programm“ sein.

Am Beispiel einiger Texte aus einer zweiten Klasse (Unterrichtsversuch: Schreiben zu Frühlingsblumen) soll dies deutlich gemacht werden:

Den Text von *Ruben* wollen wir uns etwas genauer ansehen:

Der Ostahse komt
Der Ostahse Bringt Friche eier. Er Bring noch mer. süsich keite er. Bringt manch mal Bringt Schpilscen.

Ruben tut sich schwer mit dem Schreiben eines Textes. Er war nach den ersten beiden Sätzen „fertig“ und ich denke, von der Anstrengung des Verschriftens erschöpft. Er braucht daher zuerst einmal Bestätigung, dass es ihm gelungen ist etwas mitzuteilen, was man verstehen kann. Wenn sich seine Schreibfähigkeiten (Schreiben im technisch-intellektuellen Sinne, weniger im Hinblick auf Texterstellen) entwickeln, wird er auch mehr Spaß am Schreiben haben.
Ruben schreibt von 20 Wörtern vier auf Anhieb richtig. Für die Groß- und Kleinschreibung hat er vermutlich ein Konzept: Er schreibt „Osterhase“ und „Spielsachen“ groß. Er schreibt „Eier“ klein und „bringt“ sowie „frische“ mit großem Anfangsbuchstaben.

Er schreibt „Osterhase“ als „Ostahse“. Man beobachtet es des Öfteren bei Kindern, dass sie beim Schreiben Vokale auslassen (Es gibt auch Sprachen, wo die Vokale beim Vorlesen ergänzt werden müssen!). Die Endung „er“ ist ihm wohl nicht geläufig, man hört „a“! Immerhin schreibt er seine Version von „Osterhase“ zweimal konsequent nieder.
Er hat offensichtlich noch Schwierigkeiten mit der Buchstabenkombination „ch“; „friche“ könnte die rheinische Version sein. Hier müsste geklärt werden, dass manche Leute „ch“ sprechen, aber „sch“-Wörter gemeint sind (hochdeutsch).
Die „Sp“-Schreibung im Deutschen ist ihm nicht klar.
Die Aufgabenstellung für ihn sollte man auf die Thematisierung des „ch“ begrenzen: Wörter vorgeben, abschreiben lassen, mündlich kleine Sätze bilden (vielleicht dem Nachbarn erzählen).
Dann sollte die Schreibung von „Sp-/St-“ im Deutschen erklärt werden. „Schp“ oder „Scht“ kann es am Wortanfang nicht geben. Das ist dann die erste (Rechtschreib-)Regel für Ruben! Entsprechende Wörter sollten gesucht (mündlich) und aufgeschrieben werden.
Die Wortendung -er könnte zu einem späteren Zeitpunkt aufgegriffen werden: Man „hört“ oft „a“ (vor allem im Ruhrgebiet!!), schreibt aber „-er“ (Vater, Mutter, Bruder, Schwester etc.). Schreibt Ruben anschließend auch „Zahnpasta“ mit -er am Ende, so hat er zwar übergeneralisiert, aber etwas gelernt!

Aufgaben: 1. „ch“-Wörter;
2. Sp/St;
3. Endung -er.

Die Rechtschreibleistungen in dieser Klasse sind – wie meistens – außerordentlich unterschiedlich. Am Beispiel verschiedener Kinder sollen weitere Vorschläge gemacht werden:

Beispiel Jessica

Jessica schreibt eine ganze Seite und auch vieles richtig.
„Stiefmütterchen“ ist für sie offensichtlich ein schwieriges Wort „schtifm-üterchen“.
Sie trennt zweimal willkürlich („prach-t“), zweimal korrekt („Son-nenschein, Frühlings-tanz“).
Die Groß- und Kleinschreibung ist oft richtig. „Mohrrüben, Knospen, Gras, Pracht“ schreibt sie jedoch klein.
„Weidenkätzchen“ schreibt sie getrennt „weiden Kätzen“.
Mit Doppellauten hat sie noch Schwierigkeiten „hopeln, morüben, müken“.
Es sollten mit ihr der Wortanfang mit „St“ wiederholt bzw. darauf hingewiesen werden sowie auf die Regel, dass kein Buchstabe alleine stehen kann.
Ansonsten sollte man sich aufgrund ihrer bereits recht guten Rechtschreibleistung auf ein Thema beschränken (damit sie nicht die Lust am Schreiben langer Texte verliert, weil man da so viele Rechtschreibfehler machen kann!).
Aufgabe: Nomen erklären, die Nomen des eigenen Textes schreiben.

Beispiel Markus

Markus schreibt „schön" groß und mit h: „Schöhner Oster morgen" (vielleicht „hört" er dies!). Auch „Blühen" schreibt er im Satz groß. „Wohnzimmer" ohne h und mit einem m „Wonzimer". „Lief" nur mit i „lif". „Ostereier, Osterhase, Ostermorgen" schreibt er getrennt.
Gehen wir davon aus, dass er zuerst einmal versucht lautgetreu zu schreiben, wenn er das Wort nicht vor Augen hat, so sind die Schreibung von „lif" und „Wonzimer" subjektiv richtig. Sie werden daher von der Lehrperson verbessert. Bei einem Gespräch wird darauf hingewiesen, dass richtig abgehört wurde und Wohnzimmer bereits als Nomen erkannt und groß geschrieben wurde.
„Ostermorgen" etc. sollte als Zusammenschreibung erklärt werden und in den persönlichen Grundwortschatz aufgenommen werden. Haben noch andere Kinder hiermit Schwierigkeiten irgendwelcher Art, so bieten sich die Komposita von Ostern als Grundwortschatzwörter der Klasse, gewonnen bei diesem Schreibanlass, an.
Die Kleinschreibung von „schöner" und „blühen" könnte in einer zweiten Etappe angegangen werden. Hier hielte ich es für einen sinnvollen Weg (für alle Kinder!!) zuerst einmal zu klären, was denn Nomen sind (Anhand von Texten: Ich gehe in das Haus, sitze neben dem Stuhl etc. und/oder mit Einzahl und Mehrzahl; weniger geschickt ist das Kriterium bestimmter Artikel.). Weitere Erkenntnis: Nur Nomen werden groß geschrieben. Und die Wörter, die auf einen Punkt folgen (das hat mit Textkonstruktion zu tun!). Das heißt also, dass alle Wörter, die nicht als Nomen erkennbar sind, klein geschrieben werden. Dazu ist dann keinerlei weitere Unterscheidung nötig (für die Rechtschreibung benötigt man kein weiteres Wissen über Wortarten!!).

Zusammenfassend können wir also festhalten:

1. Aufgabe: Komposita mit „Ostern" nachschreiben; eventuell auch weitere in Wortlisten suchen (Stuhlbein etc.).
2. Aufgabe: Nachdem geklärt wurde, was ein Nomen ist: Nomen in Wortlisten suchen oder sich ausdenken.

Mit diesem „Programm" hat Markus vorerst genug zu tun!

Beispiel Nicole

Nicole hat ähnliche Schwierigkeiten wie Markus. Sie schreibt „bringt" und „legt" groß (vielleicht ist ihr dies besonders wichtig?). Sie schreibt „Am Morgen" und „Zur Schule" jeweils am Satzanfang; dies ist eine Leistung, die bestärkt werden sollte. „Jeden tag" wäre hier logisch einzuordnen.
„Dann" schreibt sie klein und mit einem n „dan", gesehen ohne h „gesen" .
Das h in „gesehen" zu hören ist nicht ganz einfach. Dies könnte thematisiert werden.
„Dann" ist ein Wort, das häufig vorkommt und damit zum Grundwortschatz gehört.

Aufgaben:

1. „Tag“ ist wie „Morgen“ und wird immer groß geschrieben. Beispiele geben, Sätze mit „Tag“ bilden (?).
2. Abhören und schreiben: „gesehen“. Ähnliche Wörter auf -hen abhören lassen bzw. diktieren. (Material könnte für alle Kinder erstellt werden.)
3. Großschreibung von Nomen wie bei Markus (vielleicht ein Thema für alle Kinder??).

Beispiel Matthias

Auch Matthias ist noch unsicher in der Bestimmung von Nomen. Er schreibt sie mehrfach richtig, allerdings schreibt er „die“ mitten im Satz groß: „lagen Die ganzen Eier ...“. Er schreibt „schöner“ groß und „Weidenkatzen“ klein und ohne n und t „weidekazen“.
Das t ist schwer zu hören, das n müsste man „hören“ können. Vielleicht genügt ein Hinweis dieses Wort einmal genau abzuhören. Bei „blühen“ fehlt das h. Ansonsten gelingt ihm das richtige Abhören: Er schreibt „Radierer“ nur mit i.
Matthias schreibt „aß“ richtig, ebenso „Ostermorgen“.
„Aufgestanden“ schreibt er in zwei Wörtern.
Schwierig war „in Null Komma Nix verputzt“ (wie würden Sie das schreiben?) aufs Papier zu bringen: „Und dann haben wir die Eier im nul komer niz verpizt“. Dieser Satz ist sprachlich so erfrischend, er sollte still korrigiert werden, damit das Kind es auch weiterhin wagt lebendige, gesprochene Sprache zu verwenden.

Aufgaben für ihn:

1. Nur am Satzanfang wird „die“ groß geschrieben.
2. „Blühen“ und „Weidenkatzen“ abhören. Wörter auf -hen suchen.
3. Wörter wie „aufstehen, anziehen, vorsingen ...“ suchen und Sätze bilden: bin aufgestanden, habe mich angezogen etc.

Eine Untersuchung der Texte im Hinblick auf die Rechtschreibfähigkeiten mag auf Anhieb sehr aufwendig erscheinen. Man muss jedoch nicht jeden Text so gründlich analysieren, wie dies hier geschehen ist. Oft reicht ein „schneller Blick“ und man hat ein naheliegendes Lernthema für das jeweilige Kind gefunden.
Bei der „Bewertung“ bzw. der Abfolge der Lernthemen habe ich mich an die Vorschläge von G. Spitta und anderen angeschlossen vom lauttreuen Schreiben ausgehend Regelungen zu klären bzw. nach und nach einzuführen (Spitta 1988).

9. Texte bewerten

Zunächst müssen wir uns wieder ins Gedächtnis rufen, dass das *Ziel* unserer schulischen Bemühungen nicht eine wie immer geartete Bewertung darstellt, sondern die *Vermittlung von Fähigkeiten*. Nimmt man dies ernst, so relativieren sich manche Diskussionen um Noten.

Für mich besteht ein entscheidender Punkt jedweder Bewertung darin Kinder nicht ungerechtfertigt einzuschränken und ihnen unsinnige Normen zu vermitteln. Das heißt andererseits ihre *Leistungen zu sehen, zu verstehen, zu würdigen.*

Hat man die Kindertexte für sich ausgewertet, die Kinder bei der Überarbeitung/Korrektur der Texte beraten, sich Notizen zur Entwicklung der individuellen Schreibfähigkeiten gemacht, so hat man eine breite, solide Basis, um die entsprechenden *Auskünfte zur Lernentwicklung und Lernleistung* eines jeden Kindes geben zu können. „Was eigentlich will man mehr als solche professionelle Auskunft, gewonnen aus der Prozessbeobachtung, individuell auf das Kind bezogen und orientiert an fachlichen Zielen …"(Bartnitzky 1996, S. 67).

Einen Überblick bekommen

Da die Kinder häufig schreiben und unterschiedliche Textsorten produzieren sollen und dürfen, da sie voraussichtlich mal kurze, mal lange Texte schreiben, sollten *sämtliche Produkte* in den Blick genommen werden. Sammelt man alle Texte eines Kindes in einer Mappe oder zieht man die eigenen kontinuierlichen Aufzeichnungen zu Rate, so sind die Aussagen, die gemacht werden, *keine Summe von Einzelbeurteilungen*, sondern eine Art generalisierter Beobachtung.

9.1 Ein gelungener Text – eine zufriedenstellende Leistung

Ich werde oft gefragt, wie man denn so unterschiedliche Texte, wie sie beim Schreiben ohne Textsortenfestlegung entstehen, bewerten könne. Halten wir uns vor Augen, dass man von jedem Text sagen kann, ob er im grammatisch-formalen Sinne stimmig, d. h. „richtig" konstruiert ist, so können wir diese *Stimmigkeit ohne Berücksichtigung der Textsorte* feststellen. Bezogen auf unser grundsätzliches Ziel Kinder zum schriftlichen Formulieren zu führen, können wir also klare Aussagen machen.

Wir können ebenfalls Aussagen darüber machen, welche Textsorten das Kind von sich aus produziert hat.

Verbale Aussagen in Klasse 1 und 2

Zu den Schreibfähigkeiten von Kindern müssen wir uns frühestens in Klasse 2 äußern. Da in Klasse 1 und 2 überwiegend keine Ziffernnoten gegeben werden, können wir *in beschreibender Form* Stellung nehmen.

Wir können uns im Hinblick auf folgendes verbal äußern: Schreibt das Kind gerne und mit Freude (dies ist keine Leistung, die zu erbringen wäre!), kann es schriftlich Geschichten erzählen („Du hast viele interessante Geschichten geschrieben") und/oder sachbezogen schreiben („Du hast gezeigt, dass du etwas über ... schreiben kannst").
Wir können uns generell dazu äußern, ob das Kind *schriftlich formulieren* kann oder ob es noch Schwierigkeiten hat (... ist in der Lage einen kurzen stimmigen Text zu schreiben; mit etwas Beratung gelingt es ... eine kleine Geschichte zu erzählen etc.).
Hier sind unsere Aufzeichnungen aus dem Schreibtagebuch von großem Nutzen, vor allen Dingen, wenn wir eine Entwicklung positiv bewerten, wenn wir *ermutigend informieren* wollen (s. Unterrichtsbeispiel in Kap. 6.3.5, S. 54).

Ziffernnoten in Klasse 3 und 4/Einige wenige Texte bewerten?

Am Ende von Klasse 3 und in Klasse 4 werden im Allgemeinen Ziffernnoten erwartet. Auch hier gibt es andere Möglichkeiten als die herkömmlichen zu einer Beurteilung zu kommen. Das Schreiben von sogenannten *„Aufsätzen"*, d.h. drei großen organisierten Schreibanlässen pro Halbjahr, ist *nicht adäquat* für neuere Ansätze in der Schreibdidaktik. Für das von mir vorgestellte Modell des Offenen Schreibens ohne Textsortenfestlegung ist dies ebenfalls nicht sinnvoll.
Zum Thema *Klassenarbeiten* ein interessanter Hinweis von H. Bartnitzky: „*Schulrechtlich* ist dieses besondere Gewicht (von Klassenarbeiten) bis zur Ausschließlichkeit für die Zeugnisnote gar nicht zulässig. Denn in allen einschlägigen Bestimmungen wird darauf verwiesen, dass bei der Notengebung auf dem Zeugnis alle vom Schüler im Unterricht erbrachten Leistungen zu berücksichtigen sind. Die Zensuren in den Klassenarbeiten sind mithin nur ein Faktor." (Bartnitzky 1996, S. 66)
Praktiziert wird daher von vielen Kolleginnen und Kollegen – sozusagen als Kompromiss – die *Deklarierung einzelner Schreibanlässe als Klassenarbeit* (Auswahl der Texte durch die Kinder) mit Eintragung der korrigierten, überarbeiteten Fassung in ein spezielles Heft (vgl. auch Bartnitzky 1996). Kann man das Schreiben von Klassenarbeiten aus diversen Gründen nicht vermeiden, so sollten einzelne gezielte Schreibanlässe hierzu dienen (Schreiben von Sachtexten im Zusammenhang mit dem Sachunterricht etc.).
Es erübrigt sich wohl darauf hinzuweisen, aber ich möchte es noch einmal ausdrücklich sagen: Die Rechtschreibleistung hat keinen Zusammenhang mit der Leistung hinsichtlich der Textproduktion und darf daher auch nicht bewertet werden!

Ein stimmiger Text – Note: befriedigend?

Wenn wir davon ausgehen, dass unser Ziel nicht die Aussicht auf zukünftigen schriftstellerischen Erfolg ist, so steht die *generelle Fähigkeit sich schriftlich ausdrücken zu können*, d. h. klar und verständlich formulieren zu können, im Vordergrund. Dann geht es vor allen Dingen darum überhaupt einen Text produzieren zu können.

Ein stimmiger Text stellt somit – unabhängig vom Inhalt – *eine zufriedenstellende Leistung dar.* Wird diese im Laufe von Klasse 3 und 4 im Hinblick auf die in Lehrplänen geforderten *Schreibfunktionen* (z. B. erzählen, informieren, appellieren) erbracht, so ist das Ziel – insgesamt gesehen – erreicht.
Schreibt ein Kind hauptsächlich stimmige Texte, so beherrscht es weitgehend die Grundlagen des schriftlichen Formulierens und seine Leistung ist damit befriedigend.
Die folgenden Texte von Tobias und Sebastian sind *kurz und stimmig*. Die beiden Jungen haben damit die *geforderte Leistung erbracht*.

Tobias, 3. Klasse (Schreibanlass: Teddybär)

Mein Teddybär ist schon acht Jahre alt, wie ich. Meinen Teddybären habe ich zu der Geburt gekriegt.
Als ich so klein war, war er fast so groß wie ich. Jetzt habe ich ihn schon so lange, und er ist immer noch nicht kaputt.

Sebastian, 3. Klasse (Schreibanlass: Teddybär)

Teddy will Hamburger
Eines Tages ging Teddy die Straße entlang. Da sah er eine Hamburgerbude. Er hatte Hunger. Er bestellte sich einen Hamburger. Und dann aß er. Danach hatte er immer noch Hunger. Er holte sich eine Pizza.

Ob man die Texte der beiden Jungen nicht auch *„besser" bewerten* könnte, ist meiner Meinung nach nicht das Problem. Werden ganz überwiegend stimmige Texte

– wie oben – geschrieben, kommen dabei verschiedene Textsorten vor bzw. produzieren die beiden Jungen bei gezielten Schreibaufgaben das Entsprechende, so wäre ihre Leistung auch ohne besondere sprachliche Gestaltungsmittel m. E. dann „gut". Entscheidend ist *die gesamte Leistung innerhalb eines größeren Zeitraums*. Denn das Ziel ist wie bereits gesagt Schreibfähigkeiten zu entfalten und hierüber Auskünfte zu geben.

Schwächen im Hinblick auf Textproduktion – Note: ausreichend

Hat ein Kind im Allgemeinen und bei verschiedenen Textsorten *Schwierigkeiten verständlich zu schreiben*, d. h. ist es noch selten in der Lage passende Verknüpfungen zu wählen, so ist seine Leistung verbesserungswürdig und damit vorerst *ausreichend*. Das Kind muss noch gefördert werden und zwar individuell!

Exkurs: Note: mangelhaft

Die Note „mangelhaft" sollte es in der Grundschule im Bereich des schriftlichen Sprachgebrauchs nicht geben. In diesem Punkt sind sich nahezu alle, die sich mit Schreibdidaktik befassen, einig. Nach wie vor sind die Beurteilungskriterien zu heikel, um ein solches Urteil zu rechtfertigen. Hinzu kommt, dass in der *Grundschule* das *Prinzip* des differenzierten Arbeitens bzw. *der individuellen Förderung* gilt. Ein Kind, das besondere Schwierigkeiten mit dem Verfassen von Texten hat, braucht einfache Anforderungen (z. B. den Ein-Satz-Text) und eine individuelle Betreuung.

Besondere Leistungen – Note: gut/sehr gut

Über die Grundlagen des Textproduzierens hinaus gibt es natürlich *weitere Fähigkeiten* im Hinblick auf den Umgang mit Sprache. Mein Vorschlag: Alles, was über den Grundbestand und damit die vorläufige Bewertung mit „befriedigend" hinausgeht, seien es besondere Leistungen im Hinblick auf

- die sprachliche Gestaltung einzelner Textpassagen (Einsatz von Wiederholung und Parallelismus, Tempuswechsel etc.)
- die Gesamtgestaltung (besonders gelungene Überschrift, Anfang, Ende, Aufbau, Setzen von Abschnitten, Markierungen durch Zeichen etc.)
- inhaltliche Ideen (Wiedergabe von Gefühlen, Selbstgespräche, Handlungsablauf etc.)

sollte positiv bewertet werden und damit zu der Note „gut" oder „sehr gut" führen.

Der folgende Text von Andreas ist stimmig, hat aber dazu noch einige sprachliche „Feinheiten".

Andreas, 3. Klasse (Schreibanlass: Teddybär)

Mein Teddybär hat viele Erlebnisse gehabt. Ich erzähle euch mal von den ersten langen Reisen.
Es fing so an: Als ich diesen Teddybären noch nicht kannte, wollten wir alle nach Deutschland, wo wir gerade in Weißrußland waren. Es gelang Vater als erstem,

nach Deutschland zu kommen. Wir vereinbarten zwischen Vater und uns, daß wir nachher kommen, ungefähr in einem halben Jahr.
Als ich Geburtstag hatte, war es schon drei Monate her, seit Vater weggefahren war. Also konnte mein Vater meinen Geburtstag nicht feiern. Doch er schickte mir ein Päckchen. Ich freute mich riesig, daß für mich ein Päckchen angekommen war. Ich öffnete das Päckchen. In dem Päckchen lag ein Teddybär. Ich kuschelte mit ihm und hatte ihn sehr gern.
Dann kam die Zeit, wo auch wir nach Deutschland fuhren. Wir fuhren mit dem Zug, und ich nahm auch meinen Teddybären mit. Also kam es so, daß der Teddybär zwei lange Reisen gemacht hat. Als wir nach Deutschland kamen, hatte ich immer noch den Teddybären lieb.

(Absätze wurden aus Gründen der besseren Lesbarkeit gesetzt)

Andreas setzt eine „Klammer" von der ersten bis zur zweiten Reise. Sein Textanfang erscheint mir besonders interessant. Deshalb würde ich für eine Note, die besser als befriedigend ist, plädieren. Aufgrund der *sprachlichen Gestaltungsleistung* könnte man m. E. die *Note „gut"* geben (immer vorausgesetzt, man hätte die Verpflichtung diesen einen Text zu bewerten).

Ein Text aus einer vierten Klasse:

Thomas, 4. Klasse (Schreibanlass: Streit)

Geschwisterstreit
Thomas und sein jüngerer Bruder Markus streiten sich andauernd, z. B. gestern. Markus hat sein Taschengeld schon aufgebraucht, für Bonbons. Gestern kaufte sich Thomas eine Tafel Schokolade. Markus möchte auch ein Stück haben, obwohl er kein einziges Bonbon abgegeben hatte. Thomas ist sauer. Er möchte Markus nichts geben. Sofort läuft Markus zur Mutter.
Die sagt Thomas, er solle Markus 5 Stücke geben. Als Thomas sagt, daß Markus ihm auch keine Bonbons gegeben hat, sagt Mutter, er könnte doch fragen. Doch als Thomas sagt, er hätte gefragt, sagt Mutter: „Gib es ihm trotzdem."
Als Mutter gegangen ist, gibt Thomas ihm widerwillig die Schokolade. „Petze", sagt er. Auch das muß Markus petzen. Später mußte Thomas die halbe Schokolade Markus opfern.

Wenn wir die gestalterischen Mittel betrachten, so finden wir: Textanfang (... andauernd, z. B. gestern ...); indirekte Rede richtig verwendet und passend eingesetzt (Erzählerperspektive); pointierter Schluss (mit geschickt gesetzter wörtlicher Rede). Die Gefühlslage unseres Protagonisten (der Schreiber beschreibt offenbar eine eigene Erfahrung!) wird deutlich (Textkonsequenz!). Bei dieser *Fülle von Gestaltungselementen* ist sicherlich das *„sehr gut"* näherliegend als das „gut".

Wie würden Sie den folgenden Text bewerten?

Dominique, 4. Klasse (Schreibanlass: Streit)

Der Bonbonstreit
Es regnet. Ute und Erika sitzen in ihrem Zimmer und streiten sich. Ute meint: „Erika, du hast mir gestern zwei Bonbons versprochen, die möchte ich jetzt haben." „Die will ich aber selber essen, du bekommst sie übermorgen. Ich kaufe morgen neue." „Ich will sie aber jetzt haben", schrie Ute. „Dann gebe ich sie dir morgen," schrie Erika zurück. „Nein, jetzt", meinte Ute. So ging es noch eine Weile und schließlich einigten sie sich und Ute bekam ihre Bonbons.

Beim Text von Dominique waren sich die Kolleginnen, die diesen nach den o. a. Gesichtspunkten bewerten sollten, einig im Hinblick auf das „befriedigend". Mehrheitlich wäre auch ein „gut" aufgrund des Textanfanges (Man kann sich die Langeweile eines Regentages vorstellen, die zum Streit führt!) und der lebhaften wörtlichen Rede sowie der „pfiffigen" Überschrift gesetzt worden.

Was halten Sie von Julias Text?

Julia, 4. Klasse (Schreibanlass: Streit)

Der Schwalbenhabicht
Manuel hat heute bei Julia geschlafen. Er hat nicht gut geschlafen und ist sehr streitsüchtig. Auf dem Schulweg sehen sie einen Vogel hoch über ihren Köpfen. „Sieh mal, der Habicht", ruft Julia, die Tochter des Försters. „Das ist eine Schwalbe", antwortet Manuel mürrisch. „Meinetwegen kann es in deinen Augen eine Giraffe sein, du Blödhammel!" schimpft Julia. Und Manuel und Julia streiten sich sehr lange. Manuel: „Ich sagte, es ist eine Schwalbe, du Idiot!" Julia: „Und ich sage, es ist ein Habicht, du Arsch!"
Und schließlich wirft Manuel einen Stein und trifft Julia am Kopf. Jetzt liegt sie im Krankenhaus. Und Manuel hat ein schlechtes Gewissen, nur wegen dem Schwalbenhabicht.

Bei diesem Text von Julia waren sich 99% der Beurteilenden einig (Textanfang, Textende, Eskalation des Streites, Überschrift etc.): „sehr gut".
Nur eine einzelne Stimme wurde laut, die darauf hinwies, dass in ihrer Schule kein Kind „Arsch" schreiben dürfte, auch nicht in einer Streitgeschichte und in der wörtlichen Rede! Dann müsste Julia ihre eigene Erfahrung aus Gründen der Schulnorm anders als erlebt darstellen! Dies ist ein generelles Problem von Schule, das hoffentlich bald überall überwunden sein wird!
Heiko Balhorn sagt dazu 1989: „Kindliche schreiber suchen normen zu erfüllen, eben schulaufsatznormen. Entsprechend lesen sich – was die große zahl betrifft – die schülertexte eher als produkte einer pflichtübung denn als ausdruck kindlicher schreiberzählerfreude. Die bemühtheit der konstruktionen macht dem leser mühe. Das typisch schulische dominiert." (Balhorn/Vieluf 1989) Womit wir wieder bei der

Themenstellung (offene Schreibanlässe!) und dem adäquaten Umgang mit den Produkten wären.

Spielräume bei der Betrachtung von Texten

Natürlich kommt man bei der Betrachtung sprachlicher Mittel bzw. „besonderer Leistungen“ wieder in einen Bereich, der nicht als absolut objektiv angesehen werden kann (wer „sieht“ was?). Ich halte es allerdings für entscheidend, dass ein *Grundkonsens* im Hinblick darauf besteht, was denn überhaupt ein gelungener Text sei und mit welcher Note diese Grundleistung verbunden wird.

Umgang mit Texten nicht Deutsch sprachiger Kinder

Das Problem nicht Deutsch sprachiger Kinder (ausländische und Aussiedlerkinder) liegt oft darin, dass sie die deutsche Sprache noch nicht genügend beherrschen, um sich schriftlich ausdrücken zu können. Eine schlechte Note wäre in diesem Falle nicht nur demotivierend, sondern schlichtweg ungerecht!
Haben wir Kinder in der Klasse, deren Primärsprache (Muttersprache) nicht Deutsch ist, so müssen deren *Texte* sehr *differenziert betrachtet* werden:
Ist die Rechtschreibung korrigiert, sind alle sprachlich-grammatischen Fehler verbessert (Artikel, Fallgebrauch, Verb-Endungen etc.), so wird erst sichtbar, welche Leistung im Hinblick auf das Verfassen von Texten vorliegt.
Geht man so vor, dass man wirklich die *Text-Konstruktion* betrachtet, herausfindet (wenn auch manchmal mit etwas Mühe), was mitgeteilt wird, so *zeigen sich oft erstaunliche Fähigkeiten* (und eine fortschreitende Entwicklung) im Hinblick auf die Textproduktion. Dies zu würdigen und den Kindern zu signalisieren schafft Motivation für die – verglichen mit deutschsprachigen Kindern – noch größere Anstrengung des schriftlichen Formulierens, die diese Kinder auf sich nehmen müssen.
In Noten ausgedrückt können die nicht Deutsch sprachigen Kinder für die Leistung des Texterstellens sehr wohl ein „befriedigend“ und „mehr“ erreichen.
Stehen die Kinder mit dem Erlernen der deutschen Sprache noch am Anfang, so sollte man die Bewertung aussetzen.

Ein Beispiel aus einer dritten Klasse:

Figen, 3. Klasse (Schreibanlass: Erzählbild)

Meine Katze
Es war einmal eine Katze und dieser Katze höhrt einen Mädchen das. Mädchen hat seine Katze Lieb und das Katze hat denn Mädchen Lieb. Die Katze und das Mädchen spielen immer zusammen eines Tages haben die Katze und das Mädchen schtreit gemacht der Katze hat denn Mädchen gebizen und das Mädchen hat geblutet und dann ist der Katze fegkelaufen und alls er fegelaufen ist hat ein. Hund die Katze gehsehen und die Katze hat denn Hund

Die korrigierte Version:

Meine Katze
Es war einmal eine Katze. Und diese Katze gehörte einem Mädchen. Das Mädchen hatte seine Katze lieb und die Katze hatte das Mädchen lieb. Die Katze und das Mädchen spielten immer zusammen. Eines Tages haben sich die Katze und das Mädchen gestritten. Die Katze hat das Mädchen gebissen und das Mädchen hat geblutet. Dann ist die Katze weggelaufen und als sie weggelaufen ist, hat ein Hund die Katze gesehen. Und die Katze den Hund.

Der Text ist stimmig: Er hat Anfang und Ende (ergänzt), die Verknüpfungen stimmen. Somit könnte diese Leistung ohne Schwierigkeiten als „befriedigend“ bezeichnet werden, auch wenn die Satzschlusszeichen noch nicht beherrscht werden (Zeitpunkt: erst Anfang 3. Klasse!).
Anschaulich ist Figens Variante des Streitens „Streit gemacht“; dies sollte man würdigen und ihm erklären, dass es „normalerweise“ ‚gestritten‘ heißt.
Will man Hinweise geben auf das, was Figen im Hinblick auf die deutsche Sprache in nächster Zeit lernen sollte, so wären dies die Artikel der von ihm verwendeten Nomen. Das richtige Punktesetzen sollte ihm ebenfalls nahegebracht werden.

Ermutigen und Fördern statt Bewerten

Entscheidend ist, dass wir dann, wenn Kinder Texte schreiben, nicht ständig die Notengebung „im Hinterkopf“ haben, sondern die Förderung unserer Kinder. Dass wir, wie der Buchtitel von Heide Bambach sagt, „Ermutigungen. Nicht Zensuren.“ im Blick haben.

10. Schreibfreude erhalten und entfalten

Motivation nutzen

Kinder kommen in die Schule und möchten lesen und schreiben lernen. Wenn sie schreiben lernen möchten, so heißt dies nicht, dass sie nur die Buchstaben schreiben wollen, sondern vor allen Dingen, dass sie etwas mitteilen, dass sie an der schriftlichen Kommunikation teilhaben wollen.
Diese ursprüngliche Motivation zu erhalten und zu nutzen sollte das erklärte Ziel unserer schulischen Arbeit sein. Hieraus ergeben sich einige Konsequenzen:

- Texte verfassen, sobald man „schreiben" kann, also möglichst früh in der ersten Klasse;
- jedes Kind schreibt seine eigenen Texte;
- kein schulischer Gleichschritt, keine gleichmachenden Normen, keine typisch schulischen Textsorten;
- der Textumfang sollte nicht zum Gütekriterium werden!

„Später" wird beides gebraucht: sowohl das knapp Formulierte (bei Inhaltsangaben etc.) wie auch das ausführlich Dargestellte.

Gefragt sind Impulse statt Forderungen!

Wenn Kinder schreiben um des Schreibens willen, dann sollten sie auch schreiben dürfen, was sie bewegt, was ihnen in den Sinn kommt:

Individuelles Schreiben heißt Schreiben ohne Festlegung der Textsorte.

Keinen „heimlichen" Lehrplan mit dem Inhalt platzieren: Erzählungen sind am schönsten, vor allen Dingen Phantasiegeschichten! (Ich als Kartoffel etc.)
Schreiben Kinder statt eines Erzähltextes eher sachbezogen oder appellativ, drücken sie ihre Gedanken und Meinungen aus, so sollte dies thematisiert und gewürdigt werden.

Vielseitiges Schreiben erfordert vielseitige Anregungen, zum Beispiel durch Rahmenthemen der verschiedensten Art!

Weitere Schreibanlässe für unterschiedliche Textsorten ergeben sich aus unterrichtlichen Zusammenhängen wie dem Sachunterricht oder der Projektarbeit (sachbezogenes und appellatives Schreiben), eigenen Unternehmungen (Tagebuch der Schullandheimfahrt etc.) und anderem.
Die Schreiberfahrungen, die in der Schule gemacht werden, beeinflussen lange Zeit die Haltung gegenüber allem Schriftlichen, auch gegenüber dem Lesen! Unser Ziel kann nicht heißen: Von der Schule für die Schule! Wir sollten durch schulische Forderungen nicht dazu beitragen Hemmungen aufzubauen, sondern durch offenes Arbeiten dahingehend wirken, dass der Spaß am Schreiben erhalten bleibt!

Kinder brauchen Freiräume für ihre Entwicklung. Wir können Anstöße geben, ihre Entwicklung beobachten und unterstützen. Nur Kinder, die das Schreiben zu „ihrer Sache“ machen, erzielen Fortschritte!

Wir müssen unsere eigene Einstellung zum Schreiben überprüfen, unsere eigene „Schreibbiographie“ reflektieren!

Wenn wir den oft vorhandenen „Frust“ aus unserer eigenen Schulzeit überwunden haben, schreiben wir vielleicht selbst kleine Texte für unsere Kinder. Wenn unsere Einstellung positiv ist, können wir auch eine positive Haltung übermitteln, wie dies aus zwei Kurztexten von Kolleginnen hervorgeht (Schreibanlass: Automatisches Schreiben zum Stichwort: „Schreiben“):

Wenn das Interesse für ein Thema geweckt wird, stellt sich der Spaß von alleine ein. Schreiben bedeutet kreativ sein, Freude und Lust am Schreiben entdecken.

Das *Umdenken* wird uns nicht leicht fallen, denn es gibt, gerade im Bereich der Schreiberziehung, ein starkes Beharrungsvermögen aus einer großen Unsicherheit heraus!

Das Argument „Und die weiterführenden Schulen...“ wird hoffentlich bald dadurch entkräftet, dass auch hier neue Arbeits- und Schreibformen sowie eine Überprüfung tradierter Sichtweisen (Textnormen!) Eingang finden. Kinder, die in der Grundschule vielseitiges Schreiben gelernt haben, die Selbstbewusstsein und Schreibsicherheit entwickelt haben, werden auch mit etwas anderen Anforderungen zurechtkommen.

Ich erhebe nicht den Anspruch den „Königsweg“ gefunden zu haben. Ein solcher wäre im Bereich der Pädagogik besonders zweifelhaft (hier gilt eher die alte Weisheit: „Wer Erfolg hat, hat Recht!“). Ich möchte Ihnen vielmehr *Mut machen Neues zu wagen*, den Kindern etwas zuzutrauen, ihnen neue Wege und damit neue Möglichkeiten zu eröffnen.

Literatur

Ader, Dorothea/Kress, Axel: Sprechen, Sprache, Unterricht. Paderborn 1980.

Altenburg, Erika: Wege zum selbständigen Lesen, 3. Auflage Frankfurt/Main 1996.

Altenburg, Erika: Themenkonferenzen. Gemeinsam Schreibideen entwickeln. Die Grundschulzeitschrift, Heft 61/1993.

Altenburg, Erika: Schreiben zu Erzählbildern. Donauwörth 1994.

Balhorn, Heiko, Vieluf, U.: Themen und Korrekturen machen keine Autoren. Überlegungen nach der Durchsicht von 1000 Schüleraufsätzen. In: Balhorn, H., Brügelmann, H.: Jeder spricht anders. Langwihl 1989.

Bambach, Heide: Erfundene Geschichten erzählen es richtig. Lesen und Leben in der Schule. 2. Auflage Langwihl 1995.

Bambach, Heide: Ermutigungen. Nicht Zensuren. Langwihl 1994.

Bartnitzky, Horst: Verkehrte Welt im Schulalltag. Alternativen zum Klassenaufsatz und Klassendiktat. In: Prüfen und Beurteilen. Jahresheft 1996, Friedrich Verlag.

Bartnitzky, Horst u. a.: So lernen Kinder Rechtschreiben. Soest 1995.

Baurmann, Jürgen/Ludwig, Otto: „Aufsätze vorbereiten, Schreiben lernen." In: Praxis Deutsch, Heft 80/1986.

Bergk, Marion: Rechtschreibenlernen von Anfang an. Frankfurt/Main, 2. Auflage 1990.

Eichler, Wolfgang: Schreiben – Rechtschreiben – Texte verfassen. Bochum 1992.

Gössmann, Wilhelm: Sätze statt Aufsätze. Schriftliches Arbeiten auf der Primarstufe. 4. Auflage Düsseldorf 1991.

Kleeberger, Ilse: Sommer. Aus: Die Stadt der Kinder, hrsg. v. H. J. Gelberg. Recklinghausen 1982.

Kultusministerium des Landes NRW (Hrsg.): Richtlinien und Lehrpläne für die Grundschule, Lehrplan Sprache. Düsseldorf 1985.

Ludwig Otto/Spinner, Kaspar H.: Schreiben zu Bildern. In: Praxis Deutsch, Heft 113/1992

Mann, Christine: Legasthenie verhindern. Bochum 1989.

Nöstlinger, Christine: Frühling. Aus: Der Frühling kommt. Hannover 1972.

Pincer, Steven: Der Sprachinstinkt. Wie der Geist die Sprache bildet. München 1996.

Reichen, Jürgen (und Mitarbeiter): Lesen durch Schreiben. Hamburg 1988.

Reichen, Jürgen: Sachunterricht und Sachbegegnung. Zürich 1992.

Richter, Jutta: Im watteweichen Wolkenhaus, aus: Der Sommer schmeckt wie Himbeereis. München 1990.

Rico, Gabriele: Garantiert schreiben lernen. Reinbek 1984.

Ringelnatz, Joachim: Der Stein. Aus: Joachim Ringelnatz, Das Gesamtwerk. Zürich 1982–85.

Röber-Siekmeyer, Christa: Die Schriftsprache entdecken. Rechtschreiben im offenen Unterricht. Weinheim und Basel 1993.

Scheerer-Neumann, Gerheid: Intervention bei Lese- und Rechtschreibschwächen. Bochum 1979.

Sennlaub, Gerhard: Spaß am Schreiben oder Aufsatz-Erziehung? Stuttgart u. a. 1980.

Spinner, Kaspar H.: Neue und alte Bilder von Lernenden. In: Beiträge zur Lehrerbildung, Heft 2/1994.

Spinner, Kaspar H.: Kreatives Schreiben. In: Praxis Deutsch, Heft 119/1993.

Spitta, Gudrun: Kinder schreiben eigene Texte: Klasse 1 und 2. Frankfurt/Main 1988.

Spitta, Gudrun: Schreibkonferenzen in Klasse 3 und 4. Ein Weg vom spontanen Schreiben zum bewußten Verfassen von Texten. Frankfurt/Main 1992.

Urbanek, Rüdiger: Rechtschreibung lernen und lehren. Bochum 1994.

Weiden, Hildegard: Sicher lesen und rechtschreiben. Braunschweig 1989.